JN085157

地域プラットフォームの論理

プレイス・ブランディングに向けて

長尾雅信・山崎義広・八木敏昭　著

有斐閣

目　　次

著 者 紹 介

長尾　雅信（ながお　まさのぶ）
　　新潟大学 人文社会科学系 准教授。
　　プレイス・ブランディング，関係性マーケティング専攻。
　　主要著作：『プレイス・ブランディング』（共著）有斐閣，2018 年；『宝塚ファ
　　　ンから読み解く 超高関与消費者へのマーケティング』（共著）有斐閣，2015
　　　年；『地域ブランド・マネジメント』（共著）有斐閣，2009 年。

山崎　義広（やまさき　よしひろ）
　　駿河台大学 経済経営学部 准教授。
　　プレイス・ブランディング，マーケティング論専攻。
　　主要著作：「地域おこし協力隊の変容プロセス—— M-GTA による主体の動態
　　　的把握の観点から」『駿河台経済論集』第 31 巻第 1 号，2021 年；「中山間地
　　　域における自然資産の認識とプレイス・アタッチメントの関係——福島県只
　　　見町を対象として」（共著）『農村計画学会誌』Vol. 39, No. 3, 2020 年。

八木　敏昭（やぎ　としあき）
　　新潟大学 工学部 産学官連携研究員。
　　八箇の会 共同代表・SC 地域づくり研究所 所長。
　　地域ブランディングやソーシャル・キャピタルの知見を活かし，中山間地域の
　　　活性化をめざしたプロデュース活動を推進している。
　　主要著作：「中山間地におけるソーシャル・キャピタルと地域活性の関係性に
　　　ついての研究——新潟県小千谷市を事例に」（共著）『新潟大学経済論集』
　　　No. 98, 2015 年。

第1章

地域プラットフォームとは何か

──地域の持続的発展に向けて──

今日の日本では，近代化によって整えられたさまざまな仕組みが制度疲労を起こし，その改革が求められている。地域のあり方もその1つである。各地は諸問題解決に向け，多様なアクターの協力のもと地域の魅力を活かす局面にある。

1.1 変革は辺境から

　日本社会は世界に先駆けて直面する課題を多く有し，課題先進国ともいわれる（小宮山，2007）。とりわけ人口減少による地域の過疎化は，日本社会の存立基盤を危うくするものであり，「静かなる有事」とも認識されている。これまで長きにわたり，日本の人口は首都圏に吸引され偏る傾向にあった。東京には技術の粋や先端のファッションが集まり，多様な文化が発信されている。そのなかには伝統文化も息づいている。それらは国内外の人たちを魅了し，憧れの的であり続ける。

　しかし地方も捨て置かれてはいない。地方では経済や社会の縮小に喘ぎ_{あえ}ながら，多様なアクターが少ない資源を活かしつつ，ご当地ならではの魅力の発掘や発信といった地道な努力を続けてきた。国土の7割を占める中山間地域には豊かな自然，食文化，里山景観，独特の伝統文化や工芸，都会では味わえない静謐な空間がある。喧騒のなかに身を置く多くの現代人にとり，そこでの体験は人生に豊かさをもたらしえよう。

　都市過密によって上昇し続ける生活費，長時間の満員電車。他者とのつながりの希薄さ。大規模災害に見舞われた際，ライフラインは確保できるか。生活の質の減少と安全の不確かさに不安を覚える人は少なくない。折しも新型コロナウイルス感染症の拡大は，都市部の人々の意識を周縁へと強く向けさせる機会となった。図1.1は首都圏の人々が2020年に抱いていた東京のイメージである。2020年6月に収集されたデータにより描かれた東京のブランド・イメージは，華やかな東京の姿が影を潜めている。連想の中心には人の多さからもたらされる住みにくさ，他人への無関心さ，疲労感が浮き彫りになっている。

　総務省による2021年人口移動報告によれば，東京都に転入した人が転出を上回る超過数は，20年において5433人にとどまり，過去最少となった。東京都23区では比較可能な2014年以降初めて転出が転入を上回り，約1万5000人の転出超過であった。転入減は進学，就職などのライフ・イベント

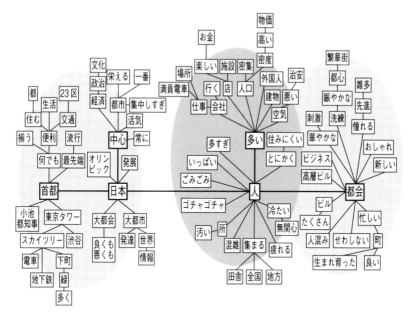

図1.1　2020年の東京のイメージ
出所）若林ほか（2020）より引用。

　によって，従来であれば東京に入ってくる人たちがコロナ禍によってそれを
控えたことに起因するであろうし，東京都からの人口転出は23区の人々が
東京都下，神奈川，千葉，埼玉など首都圏内の近隣地域へ転居したことによ
る。よって地方への転居が顕著になったわけではない。しかし内閣官房が実
施した調査によれば，東京圏の在住者の半数が地方への移住に関心をもって
いる。年代が若ければ若いほど，その傾向が高まるという（内閣官房，
2020a）。首都圏民の地方での暮らしの意向は高まりつつある。
　この間，リモートワークの進展により，首都圏にいなくても思いのほか仕
事ができることを感じた人も少なくないだろう。むしろ職住が同じ場となっ
た人々は，より快適な場所を求めているともいえよう。近年，ワークライ
フ・バランスや健康経営への意識も高まりつつある。企業によっては社員が
全国どこにでも住むことができる制度を導入している。本社を東京から地方
へと移転させる企業も出てきた。

首都圏からの人口流動の兆しは，知恵，技術，経験，つながりを各地へと還元していく契機ともなる。現在，中山間地域には過疎化や高齢化の進行に伴い，地域から活力や活気が失われ，存続が危ぶまれている集落も数多く存在する。日本の資産ともいうべき中山間地域を振興し，そのブランド化に取り組むことは喫緊の課題である。これを外部人材の活用によってなそうという政策展開が見受けられる。たとえば総務省が推進する「地域おこし協力隊」や，各自治体によるIターン施策はその一環であろう。こういった施策に効果がみられる一方で，外部人材と地域コミュニティとの確執によって，ブランディングが失敗に至るほか，外部人材が地域から退出するケースも散見される。

　人々の関係性を育み，知を巡らせ，連携を進めるために舞台となる場をどう設えるべきなのか。本書は地域ブランディングにかかる議論に立脚して，このことを取り扱う。地域における価値創造の構図を描くべく，課題先進国から持続可能な社会のあり方を探究したい。

1.2　地域ブランディングにおけるアクターの交流の枠組み

　日本政府は地域ブランディングを「地域発の商品・サービスのブランド化と地域イメージのブランド化を結びつけ，好循環を生み出し，地域外の資金・人材を呼び込むという持続的な地域経済の活性化を図ること」（内閣府，2004）と捉え，地域産品と地域空間のイメージを連動させながら，地域の魅力の向上を図ることを謳った。ふるさと納税や観光圏など，政府が展開してきた地域ブランディングにかかる施策はまさに，この発想を下敷きとするものであろう。

　地域ブランディングにおいて肝心なことは，その好循環を持続させることである。そのためには，地域に集う人々が協力して地域の価値を創出する仕掛けが必要である。地域ブランドの統合的マネジメント手法を示した和田ほか（2009）は，「地域ブランドは地域内外の生活者，地域内外の企業，自治体，教育研究機関，NPO，文化人や専門家など，マルチ・ステークホルダーに

4

よって構築されていく」（和田ほか，2009，p. 179）と指摘した。このように，地域ブランディングはある特定の地域に住まう人や組織だけで行うとは限らず，外部人材・組織が関わることが想定されている。

　近年，関係人口という概念が注目されている。関係人口とは「特定の地域に継続的に多様な形で関わる者」（内閣官房，2020b，p. 50）を指し，趣味，楽しみ，地域貢献を意識した「ファン・ベース」と，ビジネス，プロボノ，腕試しといった「仕事ベース」とに大別される。たとえばファン・ベースでは，ふるさと納税での関わり，田畑のオーナーとなり生産者や地域を応援，地域イベントのサポーターとなるなどの例がある。一方の仕事ベースでは，他地域での兼業や副業，テレワークやワーケーション等があげられる。

　関係人口の議論には，無関係を起点としながら最終的な移住へと至る，「関わりの階段」をのぼることで，関与の度合いを高めるプロセスとして捉える考え方もある（小田切，2019）。一方で，「ファン・ベース」や「仕事ベース」の例にみられるように実態は多様である。特定の農村に強い思いをもちながら，あえてその地域に定住しないライフスタイルを選ぶ若者たち，コーディネーターとなる者など，意図的に階段をのぼらなかったり，外れたりする人々も存在する。小田切はこうした一方通行ではない実態を視野に入れながら，地域への人々の行動の全体像を把握するうえでも，関係人口概念の有効性を指摘している（小田切，2019）。

　コロナ禍において都市と地方に対する見方やライフスタイルの見直しが生じるなかでは，まず関係人口を増やし定住へと誘導するという従来型のアプローチにも変化が生じる。これを踏まえれば，多様なアクターによる地方とのさまざまな関わり方が浮き出ることとなり，新たな地域ブランディングの可能性が広がる（小林，2021）。

1.3　地域ブランディングの系譜

　こういった人々も地域ブランディングの重要なアクターであり，各地はその受け入れや関係を深めることに心を配る。では，多様なアクターによる地

5

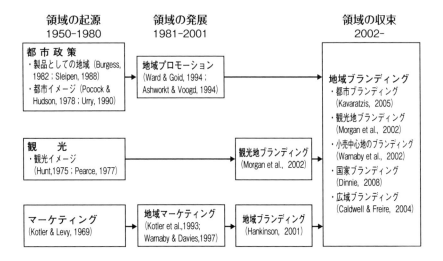

図1.2 地域ブランディングの系譜

出所) Hankinson (2015) p. 20を加筆修正。

域ブランディングに向けて，先行研究はいかなる枠組を示してきたのであろうか。図1.2は地域ブランディングの系譜である。

　Hankinson (2015) によれば，地域ブランディングは都市政策，観光学，マーケティングなど，各分野に端を発しながら発展を遂げてきたという。21世紀に入る頃，各領域でプレイス・ブランディングの用語がみられるようになり，地域ブランディングの学術的領域が収斂されてきた。地域ブランディング研究は都市，観光地，国家など，地域にかかる異なる範囲に焦点が当てられているものの，相反するのでなく補完関係にあると捉えられている (Hankinson, 2015)。

　2004年には，地域ブランド研究を主に取り扱う学術誌 *Place Branding* が創刊され（2007年に *Place Branding & Public Policy* に名称変更），研究の蓄積が進む。他方，地域ブランドのマネジメント・モデルについては，いまだに支配的なものは提示されているとはいえない（小林, 2016）。Hanna & Rowley (2011) による地域ブランド・マネジメント・モデルの比較（表1.1）

6

表1.1　地域ブランド・マネジメント・モデルの比較

ブランド・マネジメントの構成要素	ブランド評価	リーダーシップ	ステークホルダーの管理	社会基盤	ブランド・アイデンティティ	ブランド体系	ブランド結合	ブランド・コミュニケーション	口コミ	ブランド経験
戦略的プレイス・ブランド・マネジメント・モデル (Hanna & Rowley, 2011)	●	●	●	●	●	●	●	●	●	●
関係性ネットワーク・ブランド (Hankinson, 2004)			●					●		
都市イメージのコミュニケーション (Kavaratzis, 2004)	●	●	●	●				●	●	
観光地ブランディング・モデル (Cai, 2002)				●	●					
7A観光地ブランディング・モデル (Baker, 2007)	●		●			●	●	●	●	●
都市ブランド・マネジメント (Gaggiotti et al., 2008)		●	●	●						

出所）　Hanna & Rowley（2011）p. 462を加筆修正。

をみると，ブランド・マネジメントの構成要素を踏まえながら，そのいずれかに焦点を当てるモデルが多く，多様な形態が提示されている。

　一方で各モデルに共通することは，特定主体によるトップダウン型のブランド・マネジメントが志向されていることにある。ブランド論はビジネス・ブランディングに端を発したため，それを下敷きにするからにはトップダウン型のアプローチがとられたことは必然であろう。また観光や地域のブランディングにおいても，当初それを執り行ってきたのは行政府であり，その一元的な管理によってブランドを管理するという発想に及んだのである。しかし，現場の状況は変わった。近時，地域ブランディングは多様なアクターによる協創（collaboration and co-creation）によってなされるものとなった。また，その起点も市民が交流を重ねながらブランディングをなし，その熱量を

もって自治体を動かしていくボトムアップ・アプローチも見受けられる。

　その点に目を向けたのが若林ほか（2018）によるプレイス・ブランディング・サイクルであった。若林ほかは地域空間にかかるブランディングをあえてプレイス・ブランディングと捉え，その主な理由として2つ挙げている。1つは，日本における地域ブランディングの議論が産品発想に寄っていることにある。もう1つは，従来の地域ブランディングがもつマネジメント発想の脱却にある。既述のとおり，ビジネス・ブランディングの影響を受けた地域のブランディングは，行政府による一元的管理によってなされようとする。しかしビジネスと地域のブランディングの違いは，そのステークホルダーの多種多様さにある。それぞれに配慮し統一的なブランディングを試みると，特徴が明確でなく無味乾燥な取り組みになりかねない。

　そこで，若林ほかは人文主義地理学の場所（プレイス）の概念に着目した。ここでのプレイスは地域とは異なり，人々が主観的に空間に意味づけをしながらそれが共有されるとする。あるまち並みを前にして，人々がそれに思い描く意味は多様である。その意味は個人のなかにとどまらず，さまざまな媒体を通じて共有され，それがまたその場所の意味合いに影響していく。場所は固定化されたものというよりもプロセスであり，再構成されうるのである。この思想に基づいて，若林ほかがプレイス・ブランディングの一連の流れを描いたモデルを提示する（図1.3）。

　このなかで，本書の問題意識と強く関連するのが「交わりの舞台」である。それはプレイス・ブランディングの多様なアクターの交わり方であり，「共働」「共感」「共在」の3類型が提示されている。このなかで最もオープンで自走を誘発するのが，「共在」とされる。たとえ別々の目的をもつアクターたちがそれぞれに活動していても，全体的には意味につながりのある状態こそ豊かなプレイスであり，それを最も発現するのが「共在」であるという。「交わりの舞台」は現実の課題に即した概念であり，示唆に富むものといえよう。

　しかし，若林ほかは国内外の事例研究によりその様相を明らかにしたものの記述的であり，そこでは「交わりの舞台」が自走する仕組みについて十分

8

図1.3　プレイス・ブランディング・サイクル
出所）　若林ほか（2018）p. 50。

　な検証がなされなかった。そこで本書では，「交わりの舞台」を精緻化する
道具として地域プラットフォームの概念を援用し，議論を進めることとする。

1. 4　地域プラットフォームとは

1. 4. 1　プラットフォームとコラボレーション

　前述のとおり山積する社会課題の解決には，多様なアクターのコラボレー
ションが求められており，それを促進する場や仕組みが欠かせない。経営学
ではこれをプラットフォームと名づけ，「地域社会の再構築から，地球規模

の環境問題の解決，さらには個別企業の活性化にいたるまで，さまざまなレベルでの課題を解決するうえで，決定的に重要な意味を持つ」（國領，2011，p. 1）としてきた。本書では，地域プラットフォームを「多様なアクターが参加し，交流によって新たな価値を創出する地域における基盤」とまず仮置きしよう。國領（2011）によれば，プラットフォームでは主体間の相互作用が行われ，創発的な価値創造がなされるという。ここで鍵となる「創発」とは「複数の主体が相互作用することで，必ずしも予測でない付加価値（主体がそれを利用することで便益や満足が得られるような資源や能力や機会）が生み出されること」（p. 18）と定義されている。

　地域プラットフォームは民間の創意工夫で形をなしてきたものもあれば，その意義を認識した各省庁の旗振りによって各地で芽吹いたものもある。目的別に応じてアクターの構成は異なるものの，日本ではとくに産官学連携により，地域が抱える諸問題の解決や地域の発展につなげてきた（飯盛，2015）。

　日本における産官学連携は，国際的なイノベーション競争の激化，イノベーションにおける科学的知見の重要性の高まり（Motohashi, 2005），大学等技術移転促進法（TLO法），産業技術力強化法（日本版バイドール法）や国立大学法人化（元橋・上田・三野，2012）により，2000年代前半に入り活発化した。その背景から，長らく工学部を中心とした技術移転型が主流であった（荒磯，2014）。

　しかし昨今では，それまで手薄であった地域価値の創出に向けた連携が展開されている。中塚・小田切（2016）は「若者の拠点」としての大学が地域と連携し，「交流型」「価値発見型」「課題解決実践型」「知識共有型（協働型）」と発展していく新しいタイプの連携があると論及する。

　産官学連携の内実は広がりをみせるものの，課題も有する。たとえば金子（2006）は，産官学連携が部分的なインフォーマルな関係にとどまり，しかもそれは固定化する傾向が強いことを指摘している。さらに，田柳（2003）によれば，国が主導するプラットフォームは，一定の効果を発揮しつつも，多くは誕生の背景から合目的組織の傾向も強い。設定された課題に取り組むことは得意でも，会議体で同じことが繰り返されると慣習化され，産官学連

携は形骸化する恐れがある。また，文部科学省（2020）が危惧するように，地域の主体性を強調しながら，その実態は国の補助金交付条件に合わせた形式的な制度づくりにもなりかねず，プラットフォームが志向する創発的な価値創出には至らないだろう。

　これに対し遠藤（2012）は，イノベーション創出の枠組みであるトリプル・ヘリックス（三重螺旋）（Etzkowitz & Leydesdorff, 1998；Etzkowitz, 2008）を地域課題にも援用し，大学・産業界・行政（自治体等）という 3 者のコラボレーションの蓄積が産官学連携の成功の要と説明する。諸課題の解決にはプラットフォームが必要であるが，プラットフォームはあくまでも容れ物である。重要なことはそこでコラボレーションが適切に行われ，価値が創出されることにある。本書では上述のプラットフォームの意義と先行研究の定義（Kanter, 1994）から，コラボレーションを「新しい価値を共同で作り出すこと」と捉える。

　これに基づき本書では，コラボレーション理論にも焦点を当てる。コラボレーション理論は，産官学連携や地域経営の領域でも注目される（大橋，2009；松村，2015）。また，観光マーケティングではコラボレーションを特集する書籍も編纂されている（Fyall & Garrod, 2004）。コラボレーション理論は本書に関連する分野で注目されており，上述の諸課題の解決の糸口となる有力な理論といえよう。

1. 4. 2　地域プラットフォームによる架橋

　これまで，プレイス・ブランディングと地域プラットフォームをめぐる議論を概観してきた。それぞれがさまざまな学問領域を横断しながら現在も議論が続き，それとともに現実に存在する地域の課題や実務的な取り組みへの貢献が期待される分野といえる。本書では，この両者の関係に架橋を築くことも試みの 1 つである。

　前述したように初期の「地域ブランド論」は企業を対象としたマーケティングの知見を活かして行われていた。いかに自社の製品やイメージをブランド化するかという論点をもとに，地域活性化に援用しようという考え方であ

る。実務的な潮流としては，地域発の商品やサービスのブランド化と地域イメージを結びつけ，地域経済の活性化を図る取り組みは現在も続く。これに対し和田ほか（2009）による議論では，従来の商業ベースに偏った地域ブランド化に異を唱える。そこでは，地域のブランディングが最終的には地域への誇りや愛着といった観念的価値の醸成にまで実を結ぶことが企図されている。この議論はいわゆる地域空間自体をブランド化する取り組みも内包されており，日本におけるプレイス・ブランド論の嚆矢であった。その後，若林ほか（2018）にみられるように，包括的な地域のブランディングをめざすべく，センス・オブ・プレイス概念なども含め議論の精緻化が進んだ。

　こうしたプレイス・ブランディングをめぐる研究は現在も世界的に続いている。そうしたなか，いかにプレイス・ブランディングを実現するかという点においては課題が残る。若林ほか（2018）においてもプレイス・ブランディングを方向づける「ディレクション」の概念が提示されたが，地域における実務上の課題に応えるうえではさらなる知見の蓄積が望まれる。小林（2016）が公共の地域空間におけるマネジメントの困難さを指摘するように，地域には多様なアクターが存在するため，それを企業と同じマネジメント体制で推進することは難しい。他方，ディレクションのみでは，「交わりの舞台」が自走する仕組みを含め，実務上の課題にどこまで応えられるかは不明なままである。

1. 4. 3　新たな「地域プラットフォーム」の役割

　ここで本書では，地域プラットフォームを課題解決の糸口として用いたい。國領（2011）によれば，地域プラットフォームはその機能として創発的価値を生み出すということになる。プレイス・ブランディングは歴史や文化，意味の共有を通じた個々人の観念としての価値を含む包括的な概念を内包している。地域プラットフォームは多様なアクターによる交わりの舞台を自走させるための，システムとしての役割をもつというのが，本書の立場である。

　つまり地域プラットフォームを「多様なアクターの協働によるプレイス・ブランディングの実行，実現のための包括的なシステム」と位置づける。こ

れは，場の意味の共有も含む意識レベルに働きかける幅広い試みとしてのプレイス・ブランディングを，地域プラットフォームというシステムを用いることによって，より具現化させていくことである。またプレイス・ブランディングのめざす姿によって，地域プラットフォームが方向づけられることを意味する。一方で，地域プラットフォームの駆動によってセンス・オブ・プレイスや地域への愛着などが醸成され，プレイス・ブランディングを実現していく。

　こうした地域プラットフォームとプレイス・ブランディングの位置づけにより，従来の地域ブランディングにおけるマネジメント発想に偏らない，柔軟な協働のあり方の実現が期待されるだろう。必ずしも統一的なマネジメントを志向するものではなく，地域プラットフォーム内での協働は多様であり，重層的になる。組織から個人レベルまで，複数のアクターがそれぞれの立場から多面的に地域に対するブランディングに貢献していくこととなる。

　なお，本書における地域プラットフォームは地域産品などのブランディングとも関係を有する。日本においては2006年に導入された地域団体商標制度もあいまって，「地域ブランド」が世間一般の人口に膾炙（かいしゃ）した。これに伴い地域産品の育成，製品・技術開発，人的交流の促進などさまざまな地域の経済・社会的活動が，地域ブランディングの名のもとに混然一体となって展開され，現在に至っている。地域プラットフォームはこうしたさまざまな地域の経済・社会的活動に対し，その成果・価値生成を促進する役割をもつ。その一方で，地域プラットフォームにかかる経済・社会的活動は，それに参画するアクターたちへ創発的価値の醸成を促していく。つまり，地域プラットフォームは地域の経済・社会的活動と相互に影響を与え合う。

　こうした地域プラットフォームを中心とした，プレイス・ブランディングと地域の経済・社会的活動の全体の構図を図で示すと，図1.4のようになる。

　本書が提起する地域プラットフォームの役割は，従来の地域を舞台としたさまざまなブランディングに対し，プレイス・ブランディングのコンセプトに基づいた，より具体的なマネジメントの指針を与えるものである。一方で，プレイス・ブランディングにとっては，地域プラットフォームはさまざまな

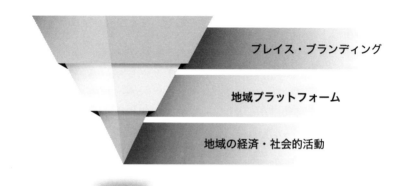

図1.4　本書における地域プラットフォームの位置づけ

価値の醸成を促すシステムとしての役割を担うことで，さまざまな概念の精緻化への貢献が期待できよう。つまり地域プラットフォームは，プレイス・ブランディングと地域の経済・社会的活動をつなぐシステムとなりうるのではないか。これが本書の大きな問いであり，課題である。

1.5　本書の構成

　以上の問題意識を前提にして，本書では地域におけるブランディングやイノベーションを起こしうる地域プラットフォームを探究していく。本書の構成はおおまかに3つのパートに分別される。まず地域プラットフォームを捉えるための理論的な枠組みを提示する。その後に，それを支えるデータに基づく実証的な研究を展開する。最終的に数々の論証を統合し，新たな知見の導出をめざしていく。

　各章では以下のような議論を展開する。まず第2章では，地域プラットフォームとは何かという問いに対して，学術的な知見を足掛かりとして読み解いていく。ここでは，さまざまな先行研究をひもとくことによって，地域プラットフォームにかかる研究課題と枠組みを捉え，それらを読み解くための問いを立てる。以降の章はその提示された問いに対し，実証的なアプローチによって考察を進めていく。第3章は，地域活性化のトリガーとなる外部人

材と，地域そのものの受容状態をテーマとする。第4章は，地域間における
マルチレベルのプレイス・ブランディングを取り扱う。第5章は，個のアク
ターによるプレイス・ブランディングがテーマである。第6章では，産官学
連携を事例とし，地域プラットフォーム自体の変容をライフサイクルという
観点からひもとく。第7章では，地域プラットフォームの伝播についてミー
ム概念を用いて明らかにしていく。第8章では，それまでの各章で導出され
た知見の統合を試みる。

　このような構成によって，理論的な問いに対して，現実に地域で起きてい
るさまざまな事象との間に架橋し，検証を進めていく。そのうえで，プレイ
ス・ブランディングにおけるさらなる問いを立てていきたい。より一歩踏み
出すならば，本書の願いは理論的な洞察と個々の実証を統合することにある。
つまり，地域プラットフォームを深く考察することにより，わが国における
プレイス・ブランディングのあり方と，看過されてきた理論的課題を解明す
ることをめざしたい。

【引用文献】

荒磯恒久（2014）．欧米における産学官連携と日本の特徴．『産学連携学』 *10*(1)，
　　1_1-1_12.

Ashworth, G. J. & Voogd, H. (1994). Marketing and place promotion. In Gold, J.
　　R. & Ward, S. V. (eds.) *Place Promotion: The Use of Publicity and
　　Marketing to Sell Towns and Regions*. Chichester: John Wiley & Sons, pp.
　　41–57.

Baker, B. (2007). *Destination Branding for Small Cities: The Essentials for
　　Successful Place Branding*. Portlamd: Creative Leap Books.

Burgess, J. A. (1982). Selling places: Environmental images for the executive.
　　Regional Studies, 32(1), 1–17.

Cai, L. A. (2002). Cooperative branding for rural destinations. *Annals of
　　Tourism Research, 29*(3), 720–742.

Caldwell, N. & Freire, J. R. (2004). The differences between branding a
　　country, a region and a city: Applying the Brand Box Model. *Journal of
　　Brand Management, 12*(1), 50–61.

Dinnie, K. (2008). *Nation Branding: Concepts, Issues, and Practice*. Oxford: Butterworth-Heinemann.

遠藤憲子 (2012). 産官学連携ネットワークと地域再生. (東北大学大学院経済学研究科博士論文).

Etzkowitz, H. (2008). *The Triple Helix: University-Industry-Government Innovation in Action*. New York: Routledge.

Etzkowitz, H. & Leydesdorff, L.(1998). The endless transition：A "triple helix" of University industry government relations. *Minerva, 36*(3), 203–208.

Fyall, A. & Garrod, B. (2004). *Tourism marketing: A collaborative approach*. Bristol: Channel View Books.

Gaggiotti, H., Cheng, P., & Yunak, O. (2008). City brand management (CBM): The case of Kazakhstan. *Place Branding and Public Diplomacy, 4*(2), 115–123.

Hankinson, G. (2001). Location branding: A study of the branding practices of 12 English cities. *Journal of Brand Management, 9*(2), 127–142.

Hankinson, G. (2004). Relational network brands: Towards a conceptual model of place brands. *Journal of Vacation Marketing, 10*(2), 109–121.

Hankinson, G. (2015). Rethinking the place branding construct. In Kavaratzis, M., Warnaby, G., & Ashworth, G. J. (eds.) *Rethinking Place Branding : Comprehensive Brand Development for Cities and Regions*. New York: Springer.

Hanna, S. & Rowley, J. (2011). Towards a strategic place brand-management model. *Journal of Marketing Management, 27*(5-6), 458–476.

Hunt, J. D. (1975). Image as a factor in tourism development. *Journal of Travel Research, 13*(3), 1–7.

飯盛義徳 (2015).『地域づくりのプラットフォーム――つながりをつくり，創発をうむ仕組みづくり』. 学芸出版社.

金子元久 (2006). 高等教育における市場化――国際比較からみた日本，公開シンポジウム報告 高等教育におけるグローバル化と市場化.『比較教育学研究』*2006*(32), 149–163.

Kanter, R. M. (1994). Collaborative advantage: The art of alliances. *Harvard Business Review*, 96–108.

Kavaratzis, M. (2004). From city marketing to city branding: Toward a theoretical framework for developing city brands. *Place Branding, 1*(1), 58–73.

Kavaratzis, M. (2005). Place branding: A review of trends and conceptual models. *The Marketing Review, 5*(4), 329–342.

小林哲 (2016). 『地域ブランディングの論理――食文化資源を活用した地域多様性の創出』. 有斐閣.

小林哲 (2021). コロナ禍での地域ブランディング――地方活性化策の点と線. 『マーケティングジャーナル』*41*(1), 29–40.

國領二郎, プラットフォームデザイン・ラボ編 (2011). 『創発経営のプラットフォーム――協働の情報基盤づくり』. 日本経済新聞出版社.

小宮山宏 (2007). 『「課題先進国」日本――キャッチアップからフロントランナーへ』. 中央公論新社.

Kotler, P. & Levy, S. J. (1969). Broadening the concept of marketing. *Journal of Marketing, 33*(1), 10–15.

Kotler, P., Rein, I., & Haider, D. (1993). *Marketing Places: Attracting Investment, Industry and Tourism to Cities, States and Nations*. New York: Free Press.

松村洋平 (2015). 中小企業の産学連携に関する一考察――文系分野の産学連携を中心として. 『経営力創成研究』11, 33–45.

文部科学省高等教育局 (2020). 『地域連携プラットフォーム構築に関するガイドライン――地域に貢献し, 地域に支持される高等教育へ』. 文部科学省.

Morgan, N., Pritchard, A., & Pride, R. (eds.) (2002), *Destination Branding: Creating the Unique Destination Proposition*. Oxford: Butterworth Heinemann.

Morgan, N., Pritchard, A., & Pride, R. (eds.) (2004), *Destination Branding: Creating the Unique Destination Proposition*. second edition, Oxford: Butterworth Heinemann.

Motohashi, K. (2005). University–industry collaborations in Japan: The role of new technology-based firms in transforming the National Innovation System. *Research Policy, 34*(5), 583–594.

元橋一之・上田洋二・三野元靖 (2012). 『日本企業のオープンイノベーションに関する新潮流――大手メーカーに対するインタビュー調査の結果と考察』. 経済産業研究所, *RIETI Policy Discussion Paper Series*, 12-P–015.

内閣府知的財産戦略本部 (2004). 『コンテンツ専門調査会　日本ブランド・ワーキンググループ(第1回)資料』. 内閣官房. (https://www.kantei.go.jp/jp/singi/titeki2/tyousakai/contents/brand1/1siryou5.pdf　最終アクセス 2022年 2 月 7 日)

内閣官房まち・ひと・しごと創生本部事務局（2020a）．『移住等の増加に向けた広報戦略の立案・実施のための調査事業報告書』．内閣官房．

内閣官房まち・ひと・しごと創生本部事務局（2020b）．『第2期「まち・ひと・しごと創生総合戦略」（2020改訂版について——感染症の影響を踏まえた今後の地方創生）』．内閣官房．（https://www.chisou.go.jp/sousei/pdf/ijuu_chousa_houkokusho_0515.pdf　最終アクセス 2022年2月7日）

中塚雅也・小田切徳美（2016）．大学地域連携の実態と課題．『農村計画学会誌』．*35*(1), 6-11.

小田切徳美（2019）．「関係人口」とは何か？——その背景・意義・可能性．*CEL：Culture, Energy and Life, 123*, 26-31.

大橋昭一（2009）．集合戦略からコラボレーション戦略へ——観光地の戦略主体論の構築にむけて．『経済理論』*348*, 1-29.

Pearce, P. L. (1977). Mental souvenirs: A study of tourists and their city maps. *Australian Journal of Psychology, 29*(1), 203-210.

Pocock, D. & Hudson, R. (1978). *Images of the Urban Environment.* New York: Columbia University Press.

Sleipen, W. (1988). *Marketing van de historische Omgeving.* Netherlands Research Institute for Tourism.

田柳恵美子（2003）．産官学連携とリエゾン戦略——地域イノベーション政策におけるセクター超越型組織の政策過程．（法政大学2002年度修士論文）．

Urry, J. (1990). *The Tourist Gaze: Leisure and Travel in Contemporary Societies.* London: SAGE Publications.

和田充夫・菅野佐織・徳山美津恵・長尾雅信・若林宏保，電通 abic project編（2009）．『地域ブランド・マネジメント』．有斐閣．

若林宏保・中村祐貴・徳山美津恵・長尾雅信（2020）．都市ブランドの意味構造の類型化に関する一考察——関係人口時代における新たなブランド戦略構築に向けて．『日本マーケティング学会カンファレンス・プロシーディングス』．*9*, 87-88.

若林宏保・徳山美津恵・長尾雅信，電通 abic project編（2018）．『プレイス・ブランディング——"地域"から"場所"のブランディングへ』．有斐閣．

Ward, S. V. & Gold, J. R. (1994). Introduction. In Gold, J. R. & Ward, S. V. (eds.) *Place Promotion: The Use of Publicity and Marketing to Sell Towns and Regions.* Chichester: John Wiley & Sons, pp. 3-11.

Warnaby, G. & Davies, B. J. (1997). Commentary: Cities as service factories?

Using the servuction system for marketing cities as shopping destinations. *International Journal of Retail & Distribution Management, 25*(6), 204–210.

Warnaby, G., Bennison, D., Davies, B. J., & Hughes, H. (2002) Marketing UK towns and cities as shopping destinations. *Journal of Marketing Management, 18*(9–10), 877–904.

第2章

地域プラットフォームをめぐる理論

本章では地域プラットフォームをめぐる研究課題を明らかにするために，プレイス・ブランディングやそれに関係する研究分野の先行研究をレビューする。取り上げるテーマは「よそ者」「地域間ブランディング（IRPB)」「コラボレーション」である。

2. 1　よそ者をめぐる理論

　各地域に生活する人たちは，よほど意識しない限り，目の前にある日常の
出来事や風景から魅力を見出すことをしない。とかくテレビを中心としたメ
ディアは，都市部の出来事や流行を取り上げる傾向にあり，地方の人々に欠
乏感や憧れを抱かせ，都市の暮らしが最良であるという認識をつくってきた
ともいえる。そのなかにあって，よそ者は先入観をもたず，地域の資産や価
値を直観的に見抜く存在として，地域に誇りと自信をもたらしてきた。地域
プラットフォームにおいても，よそ者の見立てやネットワークを活かすこと
で多様性を担保し，その活力を見出すことが重要である。本節では地域ブラ
ンド論をはじめとした関連領域において，よそ者がどう捉えられてきたのか
をレビューしていく。

2. 1. 1　地域ブランド論におけるアクター研究
⑴　地域ブランド研究の歩み

　1990 年代におけるブランド研究の発展に伴い，その成果はさまざまな領
域で適用されるようになった。都市や観光地のブランディング，ツーリズム
といった地域振興もご多分に漏れない（Hankinson, 2004；Ashworth & Ka-
varatzis, 2010；Gertner, 2011）。

　日本では，2004 年に内閣官房に事務局を置く知的財産戦略本部が地域ブ
ランドの議論を始め，各省庁が地域ブランドの推進に関与し始めた（田村，
2011）。それに伴って，海外と同様に企業ブランド論から地域ブランド論へ
知見を適用する動きがみられるようになる。

　青木（2004）はブランド論の見地から，地域産品も含む「地域全体のブラ
ンド化」（地域ブランド構築）の手法とそのマネジメントについて言及した。
そこでは地域全体のブランド化における地域性について「基盤」「核」「象
徴」を軸とした地域ブランド構築の基本構図を提示したうえで，マネジメン
ト手段としての全体構造，とくにブランドと「場」の関係性に着目している。

その一方で地域全体をマネジメントするうえで，個々の活動主体（担い手）に関しては直接の言及はなされていない。

阿久津・天野（2007）は地域の活動主体を「ある地域に関係する売り手」と規定した。これは地域ブランドの概念的な混乱（小林, 2014；若林, 2014）を，ブランド・エクイティの観点から整理した試みであった。ただし，地域での活動主体は企業の一般製品のブランド化同様に「保護する担い手」という側面に限定されている。そのため，企業や行政以外の地域住民や地域団体といったその他の地域のステークホルダーは，具体的にどのような役割を果たすのかが不明瞭なままであった。

他方，活動主体の多様性に言及した研究も見受けられる（久保田, 2004；生田・湯川・濱崎, 2006；Hanna & Rowley, 2011）。とくに久保田（2004）は，地域のブランド化の主体と地域そのものの概念的な不明確さに課題を示した。そうした活動主体の特定が，研究の出発点として重要であると述べる。そのうえで，地域そのもののブランド化をめざす際には，その活動主体（地域の有志，自治体，民間部門と公共部門の協力）は必ずしも所与の存在ではなく，そのイニシアチブが不明瞭である点を指摘している。そこで久保田は活動主体を中核・主要・周辺メンバーの3つに分類し，地域ブランド・アイデンティティの外部発信と内部共有という課題の解決のためには，地域ブランドの構築や育成は，自らの主要な業務とする組織や人々である中核メンバー（自治体，地域産業の振興会などで構成）が担うとした。中核メンバーの役割を「地域ブランドのコンセプトを検討し，地域内部に対しては共有と肯定的態度の形成という観点から，地域外部に対しては理解と評価へのマネジメント」にあるとしている（久保田, 2004, p. 13）。

ただし，小林（2014）も指摘するように，現実の地域ブランド・マネジメントは必ずしも自治体が担うとは限らず，むしろその他の主要メンバー（特産品メーカーや地域商店街の商店主など，地域ブランドの成功に深い利害関係があるが，その構築を本業としない組織や人々）や周辺メンバー（地域性の関係の薄い企業・組織や，一般の住民）が関わることがある。また，周辺メンバーとされる存在が地域との関わりのなかで，中核メンバーとして変容していくこ

とも考えられる。さらに，近年の「地域おこし」といった言葉に代表される地域振興の広がりと多様さを捉えるには，利害，あるいは本業か否かといった点を中心にした分類には限界がある。

地域ブランディングにあたっての活動主体と実行者には曖昧さがあり，その分類と位置づけは困難である。しかし，現実の地域ブランディングにあって，避けては通れない複雑で難しい問題であり，ビジネスと地域のブランド・マネジメントの間にある埋めがたい違いであり続けている。

久保田の議論は，地域の人々の自発性への依存とフリーライドの課題に対して「共有」と「協力」の考え方を提示し，それぞれの立場の役割と活動上の環境やコミュニケーション・ネットワークの確保，限られた負担で協力できる仕組みづくり，無関心から好意的態度形成に導くための仕組みづくりを提示した点に意義がある。とくに活動主体同士の「まとまり」と外との「つながり」を，ソーシャル・キャピタルの観点から読み解き，自発的協働とその醸成の重要性をいち早く指摘した点は興味深い。

⑵　地域そのもののブランド化とマネジメント

こうした地域ブランド研究の流れにおいて地域そのもののブランド化と，包括的なマネジメントをめざしたのが，和田ほか（2009）による研究である。和田ほかの議論における地域ブランド構築とは，その地域が独自にもつさまざまな資産に対する評価が，体験の「場」を通じて精神的な価値へと結びつくことで地域の活性化が図られるものとされている。具体的なマネジメント手段として，地域ブランド・コンセプトの評価と目標設定に始まり，さまざまな要件が設定された（地域ブランド資産・価値評価，ゾーニング戦略など）。そのなかでとくに活動主体の重要性について議論されたのが「アクター戦略」である。

地域の活動主体に関する従来の議論に対し，地域ブランドを維持・構築する担い手（アクター）として積極的な役割を見出し，それを育成・誘引する取り組みが「アクターのマーケティング」とされている（長尾，2008；和田ほか，2009）。とくに長尾の議論では，コミュニティの内部マネジメントの

既存研究の多くが多主体の関係性の様相（とりわけ利益闘争）に照射されていることを指摘したうえで，多様なステークホルダー間の調整と困難性を示唆している。そこでのアクターは個人も組織も含有する概念であり，キー・パーソン，フォロワー，地域外協力者に大別され，それぞれの役割の分類と類型化が行われた。長尾の議論は従来の地域ブランディングに関する活動主体の議論に対し，利害関係の調整やマネジメントの重要性を認めつつも，そうした活動主体の供給という側面が存在しない以上，長期的な取り組みが困難であるとしたうえで，そのための育成・誘引を重要視した議論であるといえる。さらに地域における多様な活動主体がその関係性のなかで変化しうることについて言及した点，とくに近年の地域活性化の事例において話題にあがる「よそ者」の存在について，地域ブランド論から言及した点に特徴がある。

　地域ブランド論における「よそ者」とは，具体的にどのような存在を指すのであろう。和田ほか（2009）は「ヨソモノが持つ外部者としての視点に地域の人々が交感したとき，抽象的だった地域の課題が克明になり，具体的な問題として地域内に共有される。（中略）ヨソモノの『感化者』および『目利き』としての役割は強調されるべきである」（和田ほか，2009，p. 177）という。しかし，和田ほかにおいては，よそ者の個々の事例の提示にとどまっており，その内実について議論は尽くされていない。さらに，よそ者の到来や地域側の受容が所与の前提とされていることも現実との乖離がある。よそ者は何もしなくて地域に来るものではない。仮に来たとしても地域の側は無条件に受容するのだろうか。

　よそ者は赤坂（1992）が指摘するような共同体の帰属における曖昧さと異質な外からの価値観をもたらすはざまの存在（境界人）であって，関係が生み出す複雑な概念である。同時に，現実のよそ者は地域づくりにおける積極的な役割を期待され（敷田，2009），多様で含意に満ちた存在である。そうしたアクターとしてのよそ者の多様性を軽視し，その誘引や活動を促進する仕組みについての考察がなされないままに，安易に地域課題の解決に期待を寄せることは，他者への問題の丸投げにほかならないだろう。この問いを深く

掘り下げるために，本書ではさらに，地域ブランド論の関連領域におけるよそ者に関する研究を概観することとする。

2.1.2 内発的発展論・地域づくり論におけるよそ者研究

(1) 内発的発展論とよそ者研究

まず地域ブランド論と親和性の高い内発的発展論に着目して，地域とよそ者の関わりについて概観する。内発的発展論は近代化論の考え方が社会にもたらした弊害，西欧社会をなぞる単系的発展への疑義を背景に誕生した。社会学や財政学など地域に関わる分野で議論が展開されてきた（宮本，1989；鶴見，1996）。これらに鑑みて，本書では内発的発展論を「それぞれの地域に暮らす人々が，自らの足元に埋もれている歴史や文化や風土を掘り起こすことを通じて，内からの力を呼び覚ましながら，明日の地域社会を協同して育て創造してゆく，そのための実践的な導きの理論」（赤坂・鶴見，2015，p. 12）として捉える。歴史や文化などを掘り起こす作業は，地域ブランドのコンセプト・メイキングに欠かせないプロセス（長尾，2006；和田ほか，2009；若林，2014）であり，協働にはアクターに関する議論が避けて通れない。

内発的発展論では，地域外の主体と協働しつつも，地域課題の解決，実践はあくまでも地域の定住者（地域団体）が行うと捉えられている（鶴見，1996；保母，1996；宮本，1989）。そのうえで，創意工夫をするのは地域の主体としつつ，その活動の特徴づけや，新しい価値の創造には第三者，すなわちよそ者の介在が必要と認識され，「地域の定住者と外来者との交流と協働なしには伝統の再創造または創造は触発されない」ことが指摘されている（鶴見，1989；赤坂・鶴見，2015）。

よそ者は「共同体の空間や社会秩序の外側にいる人，あるいはその共同体に許容されようとする人」と捉えられ，社会学，民俗学，歴史学の研究対象にあった。古来よりよそ者は，地域社会へ伝統の伝播者，刺激となる存在であることが指摘されてきた（赤坂，1992；網野，1996）。現代にあっても地域の目利きや異なる視座を提供する存在として捉えられている（赤坂，1992；鬼頭，1996；帯谷，2002）。

(2)　地域づくり論におけるよそ者の効果

　次によそ者と地域との関わり，その役割をより理解するために，地域づく
り論に焦点を当てる。地域づくり論は，地理学や農学で提唱され，内発的発
展論とかなり通底した領域である。そこでは「地域づくり」をバブル経済下
で多用された「地域活性化」と区別する。宮口（2007）は地域づくりを「時
代にふさわしい新しい価値を地域から内発的につくり出し，地域に上乗せし
ていく作業」と定義する。

　小田切（2013）はその 3 つの含意を強調する。第 1 は，バブル期のリゾー
ト開発批判という時代文脈のなかでの内発性の強調である。第 2 は，地域活
性化が標榜していた経済性にのみ収斂するのでなく，文化，福祉，景観の発
展なども含めた総合的目的をもつことにある。この総合性には地域の特性に
応じた発展をするという多様性を宿す。第 3 は，つくることに革新性が意識
されていることにある。地域における意思決定の仕組みや行政との関係等を
含めた地域革新のニュアンスが含まれている。地域づくり論では新しい仕組
みを作り出すためには「異質の系統との行き来や交渉すなわち交流が不可
欠」（宮口，2003, p. 32）と内発的発展論と同様の示唆がなされる。交流によ
って生まれる刺激がさまざまな地域機能の刷新に活用され，地域の発展が促
進される。さらに交流が深化すると協業（協働）に至ることが指摘される（宮
口，2003, 2007；図司，2012；小田切，2013）。

　敷田（2009）は先行研究を整理し，交流活動によってよそ者が地域にもた
らす効果を 5 つに分類した。すなわち①「地域の再発見効果」，②「誇りの
涵養効果」，③「知識移転効果」，④「地域の変容を促進する効果」，⑤「地
域とのしがらみのない立場からの解決案の提示」である。各効果は次のよう
に読み解ける。

　日常生活を送る地域にあって，そこに暮らす人々は地域資源の価値に慣れ
きっている。よそ者の視点はそれに価値への気づきをもたらす（効果①）。
これは「交流の鏡効果」ともいわれる（小田切，2004）。よそ者からの地域へ
の称賛は，地域の人々の自意識を高め，地域や地域資源への関与を高めると
いわれる（効果②）。ICT（information and communication technology：情報通

信技術）の普及により，どこにいても情報を獲得しやすくなった現代にあっても，人々の感情や真のニーズを十分に読み解くことは難しい。また地域の魅力を伝える伝達手法や技術の情報は，まだまだ中山間地域に不足しており，集客や交流の促進に必要である（効果③）。さらに上述の効果は，地域の人々の地域への認識を変え，そこに新しい価値を吹き込むようなエンパワーメントを生み出す（効果④）。組織文化の負の側面である同調圧力や集団浅慮は，地域にも同様に人々の思考や行動の 栅（あしかせ）となる。よそ者は地域のしがらみに囚われない立場から優れた解決策を提案できるとされる（効果⑤）。このようによそ者は地域づくりに多様な効果をもたらすことがわかる。

　先行研究からよそ者が地域づくりに多様な効果をもたらすことが明らかになった。一方で，よそ者を政策的に地域へ投入する傾向が強まるに連れて，よそ者と受け入れ地域との確執も散見されるようになっている。むやみやたらなよそ者の投入は，地域に弊害を及ぼす。たとえば，専門家としてのよそ者との関わりは，その権威に地域が盲従し地域の自発性を削ぐ，極端な場合には，地域に損失や将来的負担をもたらすとされる（敷田，2009；阿部，2014）。

　多様なよそ者が地域に入るようになるなかで，どのようなよそ者がどのような地域において，効果的な交流や協働を展開することができるのか。これをよそ者研究に関わる問いとして，第3章以降で実証的に向き合っていくこととする。

2.2　地域間ブランディング (IRPB)

　地域の魅力を増大せるため，連携をとりながらブランディングを進める動きも見受けられる。この動きを日本のプレイス・ブランディング研究の文脈では，戦略的ゾーニング（和田ほか，2009）として捉えている。つまり「ブランド資産を基盤とした地域内の再構築，もしくは地域外との連携によって，地域独自の体験価値を創造すること」（和田ほか，2009，p. 115）を指す。世

界に目を向ければ，地域間ブランディング（inter-regional place branding，以下 IRPB）として研究や実践が進む。

2.2.1　IRPB前夜

　人口減少によって経済縮減に悩む地域にとり，その対応の糸口として注目されているのが広域連携である。初期の広域連携は国主導の全国画一的な政策であり，1960 年代から広域市町村圏として一部事務組合をつくることでごみ・し尿処理，社会福祉施設の運営等を進めた制度である。2008 年に広域市町村圏関連の要綱が廃止されるまで 40 年間にわたって進められたが，機能面で十分に成果をあげられなかった（横道，2013）。この反省のもと，平成の大合併後の広域連携はより地方分権的かつ柔軟な枠組みで行われている。定住自立圏構想はその選択の可否，圏域の設定は各市町村のイニシアチブに任せられている。圏域に求められる役割も社会資本の共同運営にとどまらず，体験型観光やグリーン・ツーリズムの推進等も含まれる。

　これまでの広域連携の役割が機能補完であるならば，これからは価値創出・向上にある。イニシアチブを与えられた各地域は，柔軟な圏域設定や価値創出の方略を十分に有していないだろう。同様に従来の行政主導ではなく，民間の動きに啓発され後から政策が進行するという事象も見受けられる（大野，2019）。日本で IRPB が進む意義は，このような背景のもとにある。

2.2.2　プレイス・ブランディングの特性

　観光振興や都市政策，国家イメージの確立をめざした研究と実践の展開を背景に，地域そのものを対象としたブランディング研究の多くは，政府や地域のステークホルダーによって構成されたブランディング組織を主導とする，マネジメント・モデルを導出することに高い関心が寄せられてきた（Ashworth & Kavaratzis, 2007；Hankinson, 2004；Baker, 2007；和田ほか，2009；Hanna & Rowley, 2011）。これらの研究は基本的にビジネス・ブランド・マネジメントを下敷きにし，プレイス・ブランディングのあり方は企業のブランドと同様に，単一主体による一元的管理を志向する。

しかしプレイス・ブランディングの特殊性が，ビジネス・ブランド・マネジメント論の適用を妨げる要因となっていることが指摘されている（小林，2016；若林ほか，2018）。とくにプレイスと企業のブランディングの決定的な違いは，そこに関わるアクターの多様性にある（和田ほか，2009；小林，2016）。「誰もが参加できるがゆえに複数の主体が存在し，地域空間ブランディングを行ううえで協力する必要があるにもかかわらず，誰がイニシアチブをとるか決まっていないため組織だった行動がとれない」（小林，2016，p. 85）というジレンマを抱えている。この多様性が有効に機能すれば，ステークホルダー間の調整の困難さ（長尾，2008）を乗り越えられよう。

　本節で取り上げる IRPB では，単一地域内におけるプレイス・ブランディングよりもアクターの多様性が与件としてあることは想像に難くない。次に IRPB の研究の特性，アクターの多様性の取り扱いに焦点を当て，それらを踏まえたうえで研究課題を整理する。

2. 2. 3　IRPBの特性

　先述のとおり，日本の IRPB 研究は戦略的ゾーニングとして取り扱われてきた。ゾーニングはもともと，都市計画における用途別区画を意味する。日本における地域ブランドの議論が活発になるに従い，土地を機能ごとに区分する機能的なゾーニングへの限界が指摘され（和田ほか，2009），体験価値を軸とした価値創出・向上をめざした戦略的ゾーニングに焦点が置かれた。戦略的ゾーニングは「再構築型ゾーニング」と「連携型ゾーニング」があり，前者は地域を再構築すること，後者は他地域と連携することで，地域独自の体験価値の創造をめざす。この「連携型ゾーニング」こそ IRPB にあたる。既存研究では構造に縛られた地方自治体の限界を示し，県を越えた連携についても知見が積み重ねられている（和田ほか，2009；徳山，2015；長尾，2015）。今後増加しうる県を越えた連携について，和田ほか（2009）は歴史を軸とした広域連携の可能性を指摘している。

　海外に目を転じれば，IRPB の研究はヨーロッパで盛んである（Hospers，2006）。第 1 次世界大戦から東欧変革に焦点を絞っても，民主主義，ファ

シズム，共産主義の対立のもと，多くの犠牲を払ってきたヨーロッパ
（Mazower, 1998）では，文化，歴史，価値の多様性に懊悩しながら，欧州連
合による合意形成，経済的連携の取り組みを進めている。IRPB もこの背景
に根ざしており，ヨーロッパ各地で地域や国をまたいだブランディングの協
力構想が広がっている（Hospers, 2004；Andersson, 2007；Witte & Braun,
2015）。そこで IRPB は「2 つ以上の地域を共同でブランディングするアプロ
ーチ」（Zenker & Jacobsen, 2015）として定義される。

　2015 年には IRPB の論稿を取りまとめた *Inter-Regional Place Branding*
が刊行された。ここでは地域間で文化や制度の違いがあるなか，ブランド連
想をいかに生み出し協働の成果をもたらしうるのか，という実務的課題に基
づいた論旨が展開される。IRPB の狙いは①ターゲットの意識に 1 つの地理
的実在の知覚をつくること，②1 つひとつの実在から地域を越えた新たなブ
ランドへと肯定的な連想を移すことにあるという（Zenker & Jacobsen, 2015）。
このことは製品の共同ブランド（Aaker, 2004）にも通底することであるが，
既述のとおりステークホルダーの多様さは IRPB においてより際立つ。多様
なステークホルダーが存在するということは，多様な地域アイデンティティ
が存在しうるということである（Andersson, 2007）。そのため IRPB では，消
費者認知をもとにしたブランド連想ネットワークの把握がより求められてい
る（Zenker & Braun, 2010）。プレイスがさまざまな人々の空間認識によって
変化する（Massey, 1993, 2000, 2005）ならば，連携する地域を人々がどう捉え
ているかを把握する必要があるだろう。

2. 2. 4　社会基盤の整備を契機としたIRPB

　IRPB のさらなる特性として，社会基盤の整備により地域をまたいだブラ
ンディングが展開され，多層的な連携を生み出すことが挙げられる。
Zenker & Jacobsen（2015）によれば，地域をまたぐ新たな交通網は越境地
域間の経済・文化的関連を強くし，人々に 1 つの地域という認識を強くさせ
ると指摘する。さらに Braun, Zenker, & Witte（2014）はコペンハーゲンと
ハンブルクをつなぐ新しいトンネルの事例を引き，物理的距離のみならず心

理的距離の低減が共同ブランディングを促進しうることを示唆する。

　ヨーロッパにおいてインフラ整備を契機に IRPB を促進させた有名なケースは，デンマークとスウェーデン国境のエーレスンド海峡の鉄道道路併用橋および併用トンネルであるオーレスン・リンクだろう（Hornskov, 2007；Hospers, 2004）。このトンネルは 1991 年に両国により建設が合意され，95 年に工事が始まり 2000 年に開通した。海峡は北海とバルト海を結ぶ唯一の航路であり，有史以来ヨーロッパの海洋交通の要衝であった。そのため近隣国にとっては緊張関係を生み出す地域でもあった。しかし架橋にあたり両国の間でオーレスン委員会が設立され，この地域を「ヒューマン・キャピタル」という都市圏と見立て，ブランディングを展開した。さらに両国の 150 にものぼる企業や公的機関がオーレスン・アイデンティティ・ネットワークのメンバーとなり，共通のロゴを利用するなど，一体感の醸成が図られた（Hospers, 2006）。

　日本でも社会基盤の整備を契機とした IRPB が見受けられる。瀬戸内海にかかる連絡道路の 1 つである西瀬戸自動車道は「しまなみ海道」と呼ばれ，今やサイクリストの聖地となっている。1999 年の開通以来，瀬戸大橋と明石海峡大橋の後塵を拝してきたものの，世界最大手の自転車メーカー GIANT の劉会長（当時）が多島美を堪能できる自転車コースに魅了され，橋の両端にある愛媛県今治市と広島県尾道市にて，サイクリングをコンテンツとしたプレイス・ブランディングが展開されている（徳山・長尾・若林, 2017；若林ほか, 2018）。

2.2.5　IRPBにおける研究課題

　このように世界で有効な事例が見出されつつも，実務，研究双方に共通する課題も残る。IRPB の多くは産官中心による委員会方式で運営されてきた。委員会方式とは若林ほか（2018）がアクターの交わりの類型で整理する「ステークホルダー協働型」といえる。「目的や利害が一致した場合は，推進する力は強く実現しやすいと考えられるが，複雑に利害が絡み合っている分，閉鎖的でもあり，時には形式的にもなり，調整が難しい」（若林ほか, 2018,

p. 53）とされており，プレイスの捉え方や取り組みが柔軟性に欠けるきらいがある。広域連携では，規模の大きさや物理的距離から，個々の市民の交流が当初から盛んとなりえないと，いえる。しかし産官の取り組みがIRPBの契機であるにせよ，萌芽期から次の段階へと進めるためには，委員会方式から市民連携も含めた多層的な連携にも目を向ける必要があるだろう。プレイス・ブランディングが人文主義地理学において醸成されてきたプレイス概念の適用により，トップダウン・ガヴァナンスだけでなく，ボトムアップ・ビルディングにも注目されるようになった（Aitken & Campelo, 2011；Kavaratzis, 2012；François Lecompte et al., 2017）こととも関連する。このことはマルチレベルの関係性として包括することができる。本書では，先行研究を踏まえ，IRPBにおけるマルチレベルの関係性を「個人から組織に至る多様な主体が地域のビジョンに目を向け，自律的に協働を展開すること」と定義する。

　IRPBにおけるマルチレベルの関係性が注目に値することについては，先行研究でも指摘されてきた（Perkmann, 2003；Medeiros, 2011）。マルチレベルの関係性は交通や経済，文化に限らずスポーツや観光，レジャー，自然環境の保護，健康，エネルギー，教育，イノベーションや技術といった多岐にわたる領域で発展しており（Oliveira, 2015, p. 120），SDGsとプレイス・ブランディングの架橋にもなりえよう。

　マルチレベルの関係性において，よりボトムアップ・ビルディングのIRPBに焦点が向けられると，センス・オブ・プレイスへの注目が必要となる。センス・オブ・プレイスとは，人々が場所に対してもつ主観的で感情的な愛着である（Agnew, 1987）といわれてきたが，近年ではその近接概念も包含し，場所への態度，価値観，思考，信念，意味，行動傾向の組み合わせとして捉えられている（Chen, Hall & Prayag, 2021）。人々の知覚や感情と一体化した生活世界を理解する人文主義地理学（松尾，2014）ではセンス・オブ・プレイスが重視され，ボトムアップ・ビルディングによる場づくりにおける促進要因の鍵となる。センス・オブ・プレイスは本質的に人々の知識，その場での人々の活動，それと同様に人々の関係や感情に関連しているという（Tuan,

1977)。プレイスのストーリー性が重要視されるなか，個々の人々によるセンス・オブ・プレイスがその生成の駆動因となるとされ，注目が集まる（Aitken & Campelo, 2011；Kalandides, 2011；Campelo et al., 2016）。さらに，センス・オブ・プレイスの把握は，地域をマネジメントする公的機関にとってもステークホルダーの期待の理解にもつながると注目されている（Stedman, 2003）。このように地域で活動する人々の感情や行動の把握が，ブランディングの強化につながると認識されている。

　そして，プレイス・ブランディングにかかるステークホルダーの多様性がはらむ課題がある（長尾，2008；Cozmiuc, 2011；小林，2016）。先述のオーレスン・リンクの事例に鑑みると，対岸の住民同士にはまだそのアイデンティティが共有されておらず，開発の停滞の恐れがあるという。委員会方式でプレイス・ブランディングがなされる場合，IRPB の将来ビジョンは特徴のない内容となりうることが懸念される。社会基盤の整備によって地域住民が連携を意識するようになるとき，つながりうる地域住民の認識とはどのようなものか。IRPB の萌芽期を捉えるうえで重要な研究課題である。

　IRPB に関わる研究の問いは，プレイス・ブランディングのマネジメント課題を網羅的に含んでいる。このことを念頭に置いて，第 4 章では実証研究を進めていく。

2.3　コラボレーションをめぐる理論

　プレイス・ブランディングにおいてステークホルダー同士が協働（以下，コラボレーション）することの重要性について，これまで指摘してきた。コラボレーションはさまざまなステークホルダーが各々の利害関係を調整しながら，課題の解決をめざしていくダイナミックな働きである。コラボレーションの目的が実務的な課題にあるからこそ，その構造や捉え方についての洞察がさらに肝要である。そこで，コラボレーションに関する理論的な側面をまず概観していく。

2. 3. 1　B. グレイによるコラボレーション理論

　コラボレーションにかかる理論は Gray（1989）を端緒としている。コラボレーション理論では，各組織が専門性や文化，価値観などさまざまな独自のリソースにより構成されているとする。さらにそれらがコラボレーションによって組み合わされることで，相乗効果が生まれることが期待されている（Gray, 1989）。グレイによるコラボレーション理論は，コラボレーションの課題設定，方向設定，実行（構造化）の3段階を要件としている。そこでのコラボレーションは組織の形成や運営それ自体を問題意識とするものではなく，ある問題について異なった見解をもつ各主体が1つのドメインに起こっている問題の解決案を見出すことを目的としたものである。コラボレーションには発展段階が存在し，3つの段階性をもって説明される（表2.1）。

　ここでいうコラボレーションとは「ある問題となるドメインの自律的ステークホルダーたちが，そのドメインに関する課題について行動ないし意思決定をするために，共有している規則・規範・構造を用いて，相互作用的プロセスに従事しているときのことをいうものである」と定義される（Wood & Gray, 1991, p. 146）。コラボレーション理論において，ステークホルダー間の連携は盛んに研究されてきたテーマである。そこでは，コラボレーションの要件とその適用範囲が当初より課題となっていた。コラボレーションは人同士の幅広い行為であるものの，コラボレーション理論は当初，組織間関係的視点に立つ限りにおいて有用性をもつと見なし，その適用範囲はきわめて限

表2. 1　グレイによるコラボレーションの発展段階

Ⅰ　課題設定	Ⅱ　方向設定	Ⅲ　実　　行
・問題についての共通認識 ・協働への参加 ・ステークホルダーの確定 ・ステークホルダーの正当性の認定 ・主要なステークホルダーのパワーの確定 ・資源の確定	・基本的ルールの策定 ・アジェンダの確立 ・サブグループの組織化 ・情報収集 ・代替肢の探求 ・合意達成と戦略の到達	・協働参加者との協議 ・外部サポート体制の構築 ・必要な組織などの構築 ・合意実行のモニタリングと規定順守の確保

出所）　Gray（1989）をもとに筆者作成。

定されていた（Gray & Wood, 1991）。

2. 3. 2　コラボレーション理論の展開

　しかし，その後コラボレーション理論は多様な発展をみせている。Hux-ham（1996）はコラボレーションによる相乗効果について言及し，その適用領域も観光地戦略（Fyall & Garrod, 2005），公共政策（Morris & Miller-Stevens, 2016），国家レベルの合意（Kaiser, 2011）など多岐にわたる。

　それに伴って，コラボレーションから創出される成果についても広がりをみせている。当初，Gray（1989）は情報交換と共同協定を軸にその成果を捉えた。前者は社会的つながり（Brummel, Nelson, & Jakes, 2012）として捉えられ，そこからアクターが抱える課題の気づきをもたらしうるものとして位置づけられている。助成金の獲得（Koontz & Thomas, 2006）も関わるアクターの動機づけや評判にもつながるため，コラボレーションの成果として捉えられている。また，共同協定のように新たな合意形成だけでなく，既存のシステムの変更（Mandarano, 2008）も時代の変化に伴って，その範疇に入っている。

　このような背景から，今日では「複雑な社会課題の解決」（McDowell, 2016；Leuenberger & Reed, 2016）と理解されている。コラボレーションによる成果は，それに関わるアクターの構成によって変化しうるものであり，より多様で柔軟に捉えられる。

2. 3. 3　コラボレーション理論の課題

　一般的にコラボレーションは今日の社会が直面しているさまざまな課題に対処するため，公的，民間，非営利団体間において必要な手段と認められている。しかし，こうしたコラボレーションは必ずしも結果が伴わないとの指摘もある。この見地から，Vangen（2017）は過去30年間にわたる多様な分野で発展したコラボレーション理論をめぐる研究を概観した。それによれば，コラボレーションの課題は，多様なアクターが参加することによるガバナンスやリーダーシップ，それらにまつわるマネジメントの緊張関係にあるとい

う。このためコラボレーションの実態は複雑化し，当初，期待された相乗効果と結果を必ずしも得られるわけではないことを明らかにしている。

　コラボレーションは，参画アクター同士が協働を志向しながらも，相互に依存しつつさまざまな矛盾を抱える状態にあるとされる（Vangen, 2017）。そこでコラボレーションが成功するには，各組織の目標の類似性と相違点の両方が影響を与えることを強調する（Vangen & Huxham, 2012）。つまりコラボレーションに参画する複数のアクターには，それぞれ価値観や志向に違いがある。その一方で，共通の課題に対しアクター同士がパートナーとなっていく。このことは，アクターがもつ多様性と目標との間に緊張関係が存在することを意味しており，コラボレーションのマネジメント上の困難さを生み出す。

　これらを踏まえ，ヴァンゲンはコラボレーションにおける対立や摩擦といった緊張関係を前提として受け入れて，事象を検証していく必要性を指摘する（Vangen, 2017）。それは命題として，次のようにまとめられている。第1に，ステークホルダー間の緊張関係や矛盾といった逆説的（パラドックス）な性質をコラボレーションの前提とすること。第2に，研究方法の不可欠な要素として，このパラドックスの視点のメリットを認識すること。これらを踏まえ，課題解決に向けた実践志向の理論を発展させることをめざすことが重要であるという（Vangen, 2017）。また方法論として，複雑なコラボレーションの実態を調査し，理論化をめざすうえで，量的方法と質的方法の双方からのアプローチが不可欠であることを指摘している。これはいわゆる混合研究法（mixed methods research）が有効であるといえるだろう。これらの主張は，プラットフォーム上で展開されるコラボレーションの性質を見極めるうえで看過できない。プラットフォームを動態的に分析する際に避けては通れない有用な視座であろう。

2.3.4　地域プラットフォームの理解のために

　産官学連携を中心とした地域プラットフォームは，その多様性が機能すれば地域課題の解決に結びつく力を発揮しうるものの，形骸化や関係が固定化

する恐れもある。プラットフォームを有効に機能させるためには，そこで展開されるコラボレーションの経時的な変化を捉え，そこで起きうる出来事を把握し，適切なマネジメントを行うことが求められよう。

　Gray（1989）はとくにコラボレーションの立ち上げに関心を寄せ，コラボレーション理論を提示した。それを受けて，コラボレーションの立ち上げから成果に至るプロセスとそのマネジメント要因を描く研究も続けて行われた（Selin & Chevez, 1995；Thomson & Perry, 2006；Morris et al., 2013）。ただしこれらの研究では，コラボレーションを成果が出ると一度きりで終わると捉えるか，逆に永続的な存在として捉えており，衰退や消失を含む一連のプロセスとしては捉えていない。

　現実のコラボレーションの転換点では，一部のアクターの入れ替わりを経て，新たなコラボレーションに取り組んでいく状況が考えられよう。またはコラボレーションの優位性や考え方，つまりコンセプトを援用して，別の場所やメンバーによって何らかの価値の創出に取り組むなど，さまざまなケースが想定されうるだろう。こうした転換点における実際の様相と，衰退せずに再生し価値の再創出にいたるプロセス，およびそれを左右する要因については，今後さらなる分析と概念の精緻化が必要であろう。

2. 4　本書での研究アプローチ

　これまで，地域プラットフォームについて理論的な整理を行ってきた。では，地域プラットフォームとそこで展開されるさまざまなコラボレーションについて，どのようにその実態を把握すればよいのだろうか。本書ではこの点についてフィールド・リサーチを中心とし，インタビューに基づく質的アプローチと，アンケートに基づく量的アプローチを行うことで明らかにしていく。

　また多様な組織やアクターによるコラボレーションの実態を把握するためには，インタビューやアンケートを個々に積み重ねる以上の洞察が必要となる。このため本書では人々の行動や心理状況を把握するうえで，複数のデー

タ収集方法を用い分析を行う混合研究法を採用する。先述したとおり，混合研究法とは社会科学や行動科学で用いられている質と量のアプローチの統合を実現させる研究方法論である（Creswell & Plano Clark, 2007/ 邦訳 2010；Teddlie & Tashakkori, 2009/ 邦訳 2017，Fetters, 2020）。混合研究法には，両アプローチに対するさまざまな組み合わせや順序によるデザインが存在する。本書はそれを踏まえ，さまざまなリサーチ・デザインを採用しながら地域プラットフォームの実態を明らかにしていく。

　第3章ではソーシャル・キャピタルの概念を用いながら質的データと量的データの両面から，地域の外部人材とその受容について分析を進める。第4章では量的・質的データから導出される異なる視点を合体・比較する際に用いられる並列型混合デザイン（収斂デザイン）を採用する。第5章では地域で活動する個としてのアクターに焦点を当て，質的研究法の1つであるM-GTA（Modified-Grounded Theory Approach：修正版グラウンデッド・セオリー・アプローチ）と，ケーススタディ・リサーチを組み合わせることでその実態を明らかにしていく。第6章と第7章では地域プラットフォームとしての産官学連携体を中心に取り扱い，ケーススタディ・リサーチとアンケートによる調査結果に対しテキスト・マイニングを用いながら，その実態を明らかにしていく。第8章ではこれまでの個々の調査結果に対し，統合的な分析を試みるものである。

　このようにさまざまな調査と分析手法を組み合わせることにより，地域プラットフォームの多様な姿を活写し，今後の地域プラットフォームのデザインとマネジメントに関する知見の導出をめざすこととする。

【引用文献】

Aaker, D. A. (2004). *Brand Portfolio Strategy : Creating Relevance, Differentiation, Energy, Leverage and Clarity*. New York: The Free Press.

阿部巧（2014）．復興のすごみ，奥深さ——集落が変わった．稲垣文彦ほか『震災復興が語る農山村再生——地域づくりの本質』．コモンズ.

Agnew, J. (1987). *Place and Politics: The Geographical Mediation of State and Society*. London: Allen and Unwin.

Aitken, R. & Campelo, A. (2011). The four Rs of place branding. *Journal of Marketing Management, 27*(9/10), 913–933.

赤坂憲雄 (1992).『異人論序説』. ちくま学芸文庫.

赤坂憲雄・鶴見和子 (2015).『地域からつくる——内発的発展論と東北学』. 藤原書店.

阿久津聡・天野美穂子 (2007). 地域ブランドとそのマネンジメント課題.『マーケティングジャーナル』27(1), 4–19.

網野善彦 (1996).『増補 無縁・公界・楽——日本中世の自由と平和』. 平凡社.

Andersson, M. (2007). Region branding: The case of the Baltic Sea Region. *Place Branding & Public Diplomacy*, 3(2), 120–130.

青木幸弘 (2004). 地域ブランド構築の視点と枠組み.『商工ジャーナル』30(8), 14–17.

Ashworth, G. J. & Kavaratzis, M. (2007). Beyond the logo: Brand management for cities. *Journal of Brand Management, 16*(8), 520–531.

Ashworth, G., & Kavaratzis, M. (2010). *Towards Effective Place Brand Management*. Northampton, MA : Edward Elgar Publishing.

Baker, B. (2007). *Destination Branding for Small Cities: The Essentials for Successful Place Branding*. London: Creative Leap Books.

Braun, E., Zenker, S., & Witte, J-J. (2014). *Feasibility Study and Activity Plan for the Fehmarnbelt Region*. Rotterdam: Erasmus University Rotterdam.

Brummel, R. F., Nelson, K. C., & Jakes, P. J. (2012). Burning through organizational boundaries? Examining inter-organizational communication networks in policy-mandated collaborative bushfire planning groups. *Global Environmental Change, 22*(2), 516–528.

Campelo, A., Aitken. R., Thyne. & Gnoth, M. (2016). Sense of place: The importance for destination branding. *Journal of Travel Research, 53*(2), 154–166.

Chen, N. C., Hall, C. M., & Prayag, G. (2021). *Sense of Place and Place Attachment in Tourism*. New York: Routledge.

Cozmiuc, C. (2011). City branding: Just a compilation of marketable assets?. *Economy Transdisciplinarity Cognition, 14*(1), 428–436.

Creswell, J. W. & Plano Clark, V. L. (2007). *Designing and Conducting Mixed Methods Research*. California: SAGE Publications.（大谷順子訳 (2010).『人間科学のための混合研究法』, 北大路書房.)

Fetters, D. M. (2020). *The Mixed Methods Research Workbook: Activities for Designing, Implementing, and Publishing Projects*. California: SAGE Publications.

François Lecompte, A. F., Trelohan, M., Gentric, M., & Aquilina, M. (2017). Putting sense of place at the centre of place brand development. *Journal of Marketing Management, 33*(5/6), 400–420.

Fyall, A. & Garrod, B. (2005). *Tourism Marketing: A Collaborative Approach*. Bristol: Channel View Publications.

Gertner, D. (2011). Unfolding and configuring two decades of research and publications on place marketing and place branding. *Place Branding and Public Diplomacy, 7*(2), 91–106.

Gray, B. (1989). *Collaborating: Finding Common Ground for Multiparty Problems*. San Francisco: Jossey-Bass.

Gray, B. & Wood, D. J. (1991). Collaborative alliances: Moving from practice to theory. *Journal of Applied Behavioral Science, 27*(1), 3–22.

Hankinson, G. (2004). Relational network brands: Towards a conceptual model of place brands. *Journal of Vacation Marketing, 10*(2), 109–121.

Hanna, S. & Rowley, J. (2011). Towards a strategic place brand-management model. *Journal of Marketing Management, 27*, 458–476.

保母武彦 (1996). 『内発的発展論と日本の農山村』. 岩波書店.

Hornskov S. (2007). On the management of authenticity: Culture in the place branding of Øresund. *Journal of Place Brand and Public Diplomacy, 3*(4), 317–331.

Hospers, G. J. (2004). Place marketing in Europe : The branding of the Øresund region. *Intereconomics, 39*(5), 271–279.

Hospers, G. J. (2006). Borders, bridges and branding: The transformation of the Øresund region into an imagined space. *European Planning Studies, 14*(8), 1015–1033.

Huxham, C. (1996). Collaboration and competitive advantage. In Huxham, C.(ed.) *Creating Collaborative Advantage*. California: SAGE Publications.

生田孝史・湯川抗・濱崎博 (2006). 地域ブランド関連施策の現状と課題. 『Economic Review』 *10*(3), 30–49.

Kaiser, F. M. (2011). *Interagency Collaborative Arrangements and Activities: Types, Rationales, Considerations* (Report No. 7-5700 R41803). Washington,

DC: Congressional Research Service.

Kalandides, A. (2011). The problem with spatial identity: Revisiting the "sense of place". *Journal of Place Management and Development, 4*(1), 28–39.

Kavaratzis, M. (2012). From "necessary evil" to necessity: Stakeholders' involvement in place branding. *Journal of Place Management and Development, 5*(1), 7–19.

鬼頭秀一 (1996).『自然保護を問いなおす——環境倫理とネットワーク』. ちくま新書.

小林哲 (2014). 2つの地域ブランド論——その固有性と有機的結合. 田中洋編.『ブランド戦略全書』. 有斐閣, 137–161.

小林哲 (2016).『地域ブランディングの論理——食文化資源を活用した地域多様性の創出』. 有斐閣.

Koontz, T. M. & Thomas, C. W. (2006). What do we know and need to know about the environmental outcomes of collaborative management? *Public Administration Review, 66*(sl), 111–121.

久保田進彦 (2004). 地域ブランドのマネジメント.『流通情報』418, 4–18.

Leuenberger, D. & Reed, C. (2016). Social capital, collective action, and collaboration. In Morris, J. C. & Miller-Stevens, K.(eds.) *Advancing Collaboration Theory: Models, Typologies, and Evidence*. New York: Routledge. 238–254.

Mandarano, L. A. (2008). Evaluating collaborative environmental planning outputs and outcomes: Restoring and protecting habitat and the New York—New Jersey harbor estuary program. *Journal of Planning Education and Research, 27*(4), 456–468.

Massey, D. (1993). Power-geometry and a progressive sense of place. In Bird, J. et al. (eds.) *Mapping the Futures: Local Cultures, Global Change*. London: Routledge, 59–69.（加藤政洋訳 (2002). 権力の幾何学と進歩的な場所感覚——グローバル/ローカルな空間の論理.『思想』*933*, 32–44.）

Massey, D. (2000). Travelling thoughts. Gilroys P. et al. (eds.) *Without Guarantees: In Honour of Stuart Holl*. London: Lawrence and Wishart.

Massey, D. (2005). *For Space*. California: SAGE Publications.（森正人・伊澤高志訳 (2014).『空間のために』. 月曜社.)

松尾容孝 (2014). 今日の人文地理学——Tim Cresswellの近業に沿って.『専修人文論集』*95*, 183–206.

Mazower, M.（1998）. *Dark Continent : Europés Twentieth Century*. London: Penguin Books.（中田瑞穂・網谷龍介訳（2015）.『暗黒の大陸』. 未來社.）

McDowell, A. M.（2016）. Collaborating for accountability: Implications for the judiciary. In Morris, J. C. & Miller-Stevens, K.（eds.）*Advancing Collaboration Theory: Models, Typologies, and Evidence*. New York: Routledge. 219–237.

Medeiros, E.（2011）.（Re）defining the Euroregion concept. *European Planning Studies, 19*(1), 141–158.

宮口侗廸（2003）.『地域を活かす――過疎から多自然居住へ 改訂版』. 大明堂.

宮口侗廸（2007）.『新・地域を活かす――地理学者の地域づくり論』. 原書房.

宮本憲一（1989）.『環境経済学』. 岩波書店.

Morris, J. C., Gibson, W. A., Leavitt, W. M., & Jones, S. C.（2013）. *The case for grassroots collaboration: Social capital and ecosystem restoration at the local level*. Plymouth: Lexington Books.

Morris, J. C. & Miller-Stevens, K.（eds.）（2016）. *Advancing Collaboration Theory: Models, Typologies, and Evidence*. New York: Routledge. 175–196.

長尾雅信（2006）. 地域の持続的成長に向けた視角――宮崎県・綾町のエリア・ブランド構築の取り組み.『流通研究』9(1), 109–126.

長尾雅信（2008）. 地域ブランド論における主体の誘引と育成への注目.『新潟大学経済論集』85, 93–116.

長尾雅信（2015）. 協働型地域ブランディングの促進要因の研究――北海道美瑛町をケースに.『慶應経営論集』. 32(1), 109–126.

帯谷博明（2002）.「地域づくり」の生成過程における「地域環境」の構築――「内発的発展論」の検討を踏まえて.『社会学研究』71, 191–213.

小田切徳美（2004）. 自立した農村漁村地域をつくる. 大森彌ほか『自立と協働によるまちづくり読本――自治「再」発見』. ぎょうせい.

小田切徳美（2013）. 地域づくりと地域サポート人材――農山村における内発的発展論の具体化.『農村計画学会誌』32(3), 384–387.

Oliveira, E.（2015）. A strategic spatial planning approach to cross-border place branding with references to Galicia and Northern Portugal. In Zenker, S. & Jacobsen, B. P.（eds.）*Inter-Regional Place Branding*. New York: Springer, 115–137.

大野富彦（2019）. 観光地経営におけるDMOと地域ステークホルダーの関係構築プロセス――「場」の理論を基にした雪国観光圏の考察.『群馬大学社会情

報学部研究論集』*26*, 15–34.

Perkmann, M.（2003）. Cross-border regions in Europe: Significance and drivers of regional cross-border co-operation. *European Urban and Regional Studies, 10*（2）, 153–171.

Selin, S. & Chevez, D.（1995）. Developing a collaborative model for environmental planning and management. *Environmental Management, 19*（2）, 189-195.

敷田麻実（2009）. よそ者と地域づくりにおけるその役割にかんする研究.『国際広報メディア・観光学ジャーナル』*9*, 79–100.

Stedman, R. C.（2003）. Sense of place and forest science: Toward a program of quantitative research. *Forest Science, 49*（6）, 822–829.

田村正紀（2011）.『ブランドの誕生——地域ブランド化実現への道筋』. 千倉書房.

Teddlie, C. & Tashakkori, A.（2009）. *Foundations of Mixed Methods Research: Integrating Quantitative and Qualitative Approaches in the Social and Behavioral Sciences.* California: SAGE Publications.（土屋敦・八田太一・藤田みさお監訳（2017）.『混合研究法の基礎——社会・行動科学の量的・質的アプローチの統合』. 西村書店.）

Thomson, A. M. & Perry, J. L.（2006）. Collaboration processes: Inside the black box. *Public Administration Review, 66*（1）, 20–32.

徳山美津恵（2015）. 地域連携型ブランド構築プロセスの検討——「日本で最も美しい村」連合の分析を通して. 関西大学経済・政治研究所東アジア経済・産業研究班編,『東アジア経済・産業のダイナミクス』. 関西大学出版部.

徳山美津恵・長尾雅信・若林宏保（2017）. 地理学的視点を取り入れたプレイス・ブランディング・モデルの可能性.『日本マーケティング学会カンファレンス・プロシーディングス』*6*, 173–184.

鶴見和子（1989）. 内発的発展論の系譜. 鶴見和子・川田侃編,『内発的発展論』. 東京大学出版会.

鶴見和子（1996）.『内発的発展論の展開』. 筑摩書房.

Tuan, Y.-F.（1977）. *Space and Place: The Perspective of Experience.* Minneapolis: University of Minnesota Press.

Vangen, S.（2017）. Developing practice-oriented theory on collaboration: A paradox lens. *Public Administration Review, 77*（2）, 263–272.

Vangen, S. & Huxham, C.（2012）. The tangled web: Unraveling the principle of common goals in collaborations. *Journal of Public Administration Research and Theory, 22*(4), 731–760.

和田充夫・菅野佐織・徳山美津恵・長尾雅信・若林宏保，電通 abic project編
　（2009）．『地域ブランド・マネジメント』．有斐閣．

若林宏保（2014）．地域ブランドアイデンティティ策定に関する一考察——プレ
　イス論とブランド論の融合を目指して．『マーケティングジャーナル』*34*(1)
　, 109–126.

若林宏保・徳山美津恵・長尾雅信，電通 abic project編（2018）．『プレイス・ブ
　ランディング"地域"から"場所"のブランディングへ』．有斐閣．

Witte, J-J. & Braun, E. (2015). Cross-Border place Branding in Europe. In
　Zenker, S. & Jacobsen, B. P. (eds.) *Inter-Regional Place Branding*. New
　York: Springer, 87–98.

Wood, D. J. & Gray, B. (1991). Toward a comprehensive theory of collaboration.
　Journal of Applied Behavioral Science, 27(2), 139–162.

横道清孝（2013）．時代に対応した広域連携のあり方について．『都市とガバナン
　ス』*20*, 10–17.

Zenker, S. & Braun, E. (2010). Branding a city : A conceptual approach for
　place branding and place brand management. *Paper presented at the 39th
　European Marketing Academy Conference*, 1-4 June, Copenhagen.

Zenker, S. & Jacobsen, P. B. (2015). Introduction to Interregional Place
　Branding. In Zenker, S. & Jacobsen, B. P. (eds.) *Inter-Regional Place
　Branding*. New York: Springer, 1–11

図司直也（2012）．農山村における地域サポート人材の役割と受け入れ地域に求
　められる視点．『JC総研レポート』*23*, 23–29.

外からの人材を受け入れ，
地域を変えていく

──中山間地域の新潟・小千谷における取り組み──

第1章での問題提起，第2章で整理した先行研究の課題に基づき，
第3章ではまずよそ者をめぐる課題を読み解いていく。よそ者は地
域に刺激をもたらし，変化をもたらす存在として期待が集まってい
る。かたや，それがゆえに軋轢が生まれることもままある。さらに，
先行研究ではその存在を与件的に捉え，地域に受容されるものとし
て捉えがちであった。本章では「よそ者はどのような地域にどのよ
うにして受け入れられるのか」を研究の問いとし，中山間地域を舞
台にして実証研究を行っていく。

3.1　地域が変わるということ

　これまで，プレイス・ブランディングにとって地域外部人材（いわゆるよ
そ者）が重要なアクターであることを指摘してきた。地域コミュニティはよ
そ者をどのように受け入れ，ともに価値をつくり上げていくのだろうか。本
章ではまず，第2章の議論を振り返り，学術的課題と問いを読み解くフレー
ムワークを確認する。

　第2章で確認した先行研究が示すように，よそ者は地域づくりに多様な効
果をもたらす存在である。よそ者が地域にもたらす効果としては，①「地域
の再発見効果」（交流の鏡効果），②「誇りの涵養効果」，③「知識移転効果」，
④「地域の変容を促進する効果」，⑤「地域とのしがらみのない立場からの
解決案の提示」がある（敷田，2009）。すなわちよそ者は，地域の価値を見直
し，地域の誇りを育み，地域に新たな知識をもたらし，地域の人々にやる気
を生み出し，地域の人間関係にとらわれない提案をする，ことができる。

　一方で，よそ者に過度に頼ることは地域にとって自律性を失うことにもな
る。また，地域によってはよそ者やその声を受け入れない場合もある。効果
的な交流や協働を進めるには，地域とよそ者の特性を考慮することが求めら
れよう。

　その手がかりとなるのが，図司（2012）の地域サポート人材に期待される
役割と阿部（2014）のV.S.O.Pモデルである。

　図司（2012）は農山村漁村における地域づくり活動に対する外部からのサ
ポート人材として，国が導入した「集落支援員」と「地域おこし協力隊」に
注目した。前者は地域の実情に詳しい人材を地方自治体が委嘱し，集落の目
配り役としてその状況を把握する役目を付与する。後者は都市圏から人々を
受け入れ，1〜3年程度地方で暮らし，地域協力活動に携わる。

　図司は実証研究をもとにして，地域サポート人材の役割と受け入れ地域に
求められる姿勢を提示した。そこでは，地域が求めるサポートを「生活支援
活動」（現場の実情を捉えて，住民相互や行政との間に立って情報共有や話し合い

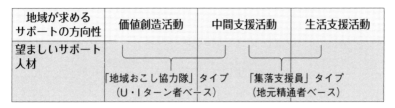

地域が求める サポートの方向性	価値創造活動	中間支援活動	生活支援活動
望ましいサポート 人材	「地域おこし協力隊」タイプ （U・Iターン者ベース）		「集落支援員」タイプ （地元精通者ベース）

図3.1　地域サポート人材に期待されている役割
出所）　図司（2012）p. 28 を加筆修正。

　の機会につなげていく活動），「中間支援活動」（すでに展開している地域活動に
対して新たな外部主体が関わりをもつ活動），「価値創造活動」（地域との新たな
出会いから信頼と刺激を得て，そこに新たな活動や仕事を起こそうとする活動）
に区分し，それに見合う望ましい人材が示された（図3.1）。地域づくりとい
う価値創造志向を抱くよそ者が，地域に受容され，その本旨を具現化してい
くためには，「中間支援活動」を通じて地域コミュニティから信頼を得て，
「価値創造活動」へと展開することが望ましいとされる。

　図司による知見は少数事例から導き出されており，地域おこし協力隊とい
う相対的に地域づくりへの関与が高い主体を分析対象としているものの，よ
そ者の受容の過程を描いた研究として示唆に富む。

　阿部（2014）は新潟県中越地震の復興支援員として関わった経験に基づき，
複数の被災集落の地域づくりプロセスを比較し，その進捗度合いの差異とな
る要因を分析した。中山間地域の多くの居住者は地域への誇りを失い，諦め
を抱く傾向にある。そこでよそ者が地域づくりのサポートを行うには，まず
「寄り添い型サポート」により住民の主体的意識を醸成した後，「事業導入型
サポート」により集落の将来ビジョンづくりと実践を支援する段階性が求め
られるという。前者は「住民の不安や悩みに寄り添うことをベースに，住民
と外部人材との関係を積極的につくり，よそ者の目を通して集落の魅力や資
源に気づきを与え，その魅力を活かした小さな活動を行い，住民が成功体験
を積み重ね，多くの人々を巻き込んで体験を共有する作業」である。これを
経ずして事業導入型サポートは円滑に進みえない。

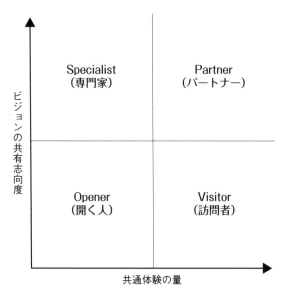

図3.2　外部の支援者の分類（V. S. O. P モデル）
出所）　阿部（2014）p. 228。

　そのうえで，外部支援者としてのよそ者を「ビジョンの共有志向度」と
「共通体験の量」から4つに分類した。
　Opener（開く人）は，外部の目線を地域に持ち込み，住民の価値観に異質
性をもたらす。「何気ない地元の景色，飾り気のない食事をよその人はこん
なに喜んでくれるのか」。Opener の新鮮な反応に地域の人々は驚き，誇り
を感じる。Opener は地域に誇りを取り戻すきっかけをもたらすのである。
ボランティアや学生インターンがこれに当たるとされる。
　Visitor（訪問者）は，地域行事などへ頻繁に訪れ，地域を賑やかにする。
集落側は「役に立つか」ではなく「また来てくれた」ことに楽しみを覚える。
地域づくりの初期段階においては，Opener や Visitor といった地域の開放
性を高めるような主体の役割の大きさが窺える。
　Partner（パートナー）は，住民との共通体験を重ねながら，住民とともに
地域の将来を模索する。集落が抱える課題の解決の糸口を探し，能動的に活

動の仕掛け役をなす。地域にとっては伴走者ともいえる存在だろう。

　Specialist（専門家）は，自らの専門性をもって地域の取り組みを具体的に支援する。マーケターや建築家などといった「特定分野型専門家」，住民主体の地域づくりの進め方に対する専門性をもった「プロセス関与型専門家」がある。各地で散見される不幸なできごとは，地域と Specialist との間にビジョンの共有が十分になされていなかったために起きていると想像できる。

　阿部による地域づくりプロセスや外部支援者の分類（V. S. O. P モデル）は，復興支援員としての実感に基づくものであり，厳密な科学的分析に基づくものではない。しかし，地域づくりのダイナミズムにより照射しながら，よそ者の類型化とその受容から協働の構図を描いた貢献は大きい。V. S. O. P モデルをより精緻化するために，本章では中山間地住民の地域に対する評価の量的分析と，特徴的な地域の質的分析を組み合わせる混合研究法を展開する。それをもって，多様な地域社会のなかでよそ者と地域の協働が生まれる条件について考察する。

3. 2　中山間地住民の地域に対する評価──量的分析

　本節では，中山間地住民の地域に対する評価の量的分析を行う。それにあたっては，「地域ブランドの構築と育成において，より多くの人々が地域ブランドづくりに自発的に協力する空気を作っていくためには，地域住民の間にある種のソーシャル・キャピタルが醸成されることが大切」（久保田，2004, p. 16）という示唆に注目する。これをもとに新潟県小千谷市におけるソーシャル・キャピタル（社会関係資本）醸成度合を市全域で俯瞰したのち，地区ごとに様相をみていく。

　なおソーシャル・キャピタルは人々の間の「信頼関係」「共有される規範」「ネットワークや関係」といった地域社会に内在して，社会関係を規定するものであり，社会の効率性を高めるもの（Putnam, 1993/ 邦訳 2001）と定義される。ソーシャル・キャピタルには，同質的なグループのなかでの結束を表す結合型（bonding）と，異質なグループの間をつなぐ役割を果たす橋渡し

型（bridging）がある（Putnam, 2000/ 邦訳 2006）。以下では，因子分析にて地域住民の間にあるソーシャル・キャピタルを織りなすいくつかの潜在的要因を導き出し，階層クラスター分析にて市街部と中山間部各地区の潜在的要因の類似性をみていく。

3. 2. 1　新潟県小千谷市の概要

新潟県小千谷市は，越後（蒲原）平野と山間地域の接点に位置し，日本一の大河である信濃川が同市を南北に貫く人口約 3 万 4100 人（2020 年国勢調査人口確定値）の地方小都市である。市の中心部に人口集中地区があり，市の人口のおよそ 3 分の 1 を占める。中心地の北側の平地には田園が広がり，小さな市街地も形成されている。東・西・南の三方は緩やかな丘陵山地に囲まれ，信濃川の支流沿いなどに集落が点在する（図 3.3）。

地方小都市の多くが今後の日本社会に先んじて人口構造の変化を経験したのと同様に，小千谷市では 1980 年代から人口減少に転じ，2020 年までの 40 年間で総人口が 1 万 900 人程度減少した一方で，65 歳以上人口が 6300 人増加した。さらに，5 年ないし 10 年後には人口が 3 万人を割り込むと予測され，人口減少に拍車が掛かっている。

また 2004 年 10 月 23 日に発生した新潟県中越地震では，震源地に隣接し，震度 6 強を観測した。この地震で同市では死者 19 名，負傷者 785 名と甚大な人的被害を受けた。その他多くの住宅が損壊し，道路や田畑，ガス・水道などのライフラインにも多くの被害を受けた。被災にあたっては，全国から多くの人的・物的支援を受け，復旧・復興に取り組んできた。復興にあたっては，人口流出に伴う地域コミュニティの再構築がなされていった。

3. 2. 2　ソーシャル・キャピタルの量的分析

本調査のアンケートは，小千谷市在住の 1000 名（市内 12 地区の 20 歳代から 80 歳代の男女，各世代，男女均等に住民基本台帳より抽出）を対象として郵送法により実施された。実施期間は 2014 年 1 月の 2 週間であり，有効回答数は 540（回収率は 54.0%）であった。調査では，表 3.1 に示した質問項目に

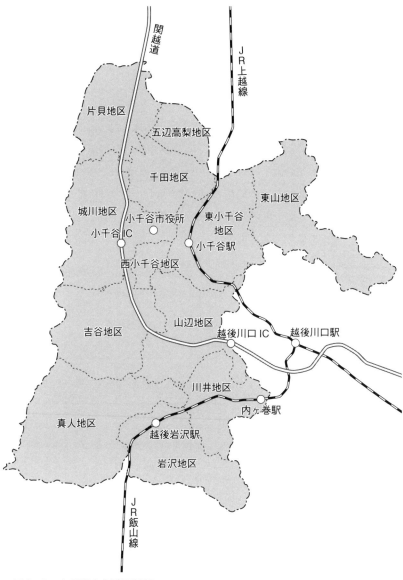

図3.3　小千谷市行政区境図

ついて，リッカート・スケールによる評価がなされた。なお，アンケート構造や個々の質問項目は，内閣府国民生活局市民活動促進課（2003），内閣府経済社会総合研究所（2005）および日本総合研究所（2008）のソーシャル・キャピタル調査を参考にしている。

　これをもとにソーシャル・キャピタルに関わる14項目について因子分析を行い，ソーシャル・キャピタルの醸成程度を把握した。因子分析は最尤法（バリマックス回転）を用い，共通性が0.3未満の項目を削除したのち，回転後の因子負荷量がどの因子に対しても0.4に満たなかった項目，および回転後の因子負荷量が2つ以上の因子に対して，0.4以上の負荷量を示していた項目を削除したうえで，再度因子分析を行い固有値が1以上となった因子を採用した。分析の結果，第1因子（α = 0.891），第2因子（α = 0.683），第3因子（α = 0.701）の3つの因子が抽出された。

表3.1　ソーシャル・キャピタル に関する因子分析の結果
　　　　（最尤法・バリマックス回転）

設問（変数）	第1因子〈地域親和性〉	第2因子〈多様性受容〉	第3因子〈地域内交流〉	共通性
人間間での心のつながりが感じられるか（つながり）	0.869	0.247	0.163	0.844
人とのふれあいを感じられるか（ふれあい）	0.805	0.211	0.145	0.713
地域で連帯を感じられるか（連帯感）	0.775	0.267	0.243	0.730
地域の人々の価値観に共感・共鳴できるか（関係強さ）	0.687	0.332	0.185	0.616
地域活動の中で女性は活動的か（女性活気）	0.211	0.816	0.105	0.722
地域活動の中で若者は活動的か（若者活気）	0.265	0.719	0.133	0.605
地域活動の役回りは公平，妥当か（平等）	0.259	0.610	0.186	0.473
近所つきあいの程度は頻繁か（つきあい）	0.178	0.165	0.684	0.526
近所つきあいの人数は多いか（内部交流）	0.150	0.104	0.676	0.491
固有値	4.489	1.193	1.172	
回転後の負荷量平方和（分散%）	30.121	20.880	12.550	
回転後の負荷量平方和（累積%）	30.121	51.001	63.551	

残余項目：削除された設問（変数）

・市外の人と面識・交流があるか（外部交流）　・地域の人々は信頼できるか（信頼）
・地域の活動に義務感を感じるか（義務感）　　・頼りになるリーダーはいるか（リーダー）
・近隣での人間関係に問題や心配があるか（関係良さ）

　構成変数より，第1因子は〈地域親和性因子〉，第2因子は〈多様性受容因子〉，第3因子は〈地域内交流因子〉と名づける。〈地域親和性因子〉は，「人とのふれあいを感じられるか（ふれあい）」，「地域の人々の価値観に共感・共鳴できるか（関係強さ）」など心理的つながりに関わる4つの変数からなり，地域での心の結びつきを示す因子である。〈多様性受容因子〉は，「地域活動の中で女性は活動的か（女性活気）」，「地域活動の中で若者は活動的か（若者活気）」など地域構成員の状況を示す3つの変数からなり，地域において誰もが活躍できる受容性を示す因子である。〈地域内交流因子〉は，「近所つきあいの程度は頻繁か（つきあい）」と「近所つきあいの人数は多いか（内部交流）」という集落内での交流行動の状況やその要因となる2つの変数からなり，地域での信頼感に影響がある因子である。これらの結果より，市内全域を俯瞰すると，ソーシャル・キャピタルを構成する3つの因子を把握することができた。

　「つきあい」の項目は近所つきあいの程度は頻繁かどうかを，「内部交流」は近所つきあいの人数は多いかどうかを，「連帯感」は地域で連帯感を感じられるかを，それぞれ尋ねたものであり，いずれも結合型ソーシャル・キャピタルの強さおよびその負の部分を示すものといえよう。また，橋渡し型ソーシャル・キャピタルを構成する変数となる「市外の人と面識・交流があるか（外部交流）」を含んだ因子は抽出されなかった。

　次に各地区の類似性に着目し，因子分析で用いた9項目を規格化した後，階層クラスター分析（ウォード法）を行ったところ，得られた樹状図（デンドログラム，図3.4）より12の地区は，いくつかにグループ化された。2つに分けた場合（A），1つめのクラスターは城川，西小千谷，五辺高梨，東小千谷の4地区，もう1つのクラスターは片貝，千田，吉谷，山辺，岩沢，真人，川井，東山の8地区が属する。これら2つのクラスターの分散分析では，レベニュー・テストでいずれも「等分散が仮定されている」ことを確認し，

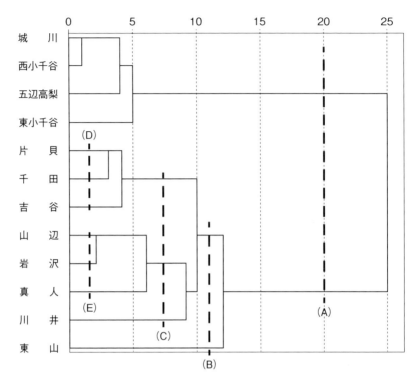

図3.4　SC 関連項目による小千谷市各地区の樹状図（デンドログラム）

それぞれで 2 つの母平均の差の検定を行ったところ，「つきあい」（p<0.01），「内部交流」（p<0.01）および「連帯感」（p<0.05）において有意差がみられた。

　さらに，片貝など 8 地区を 2 つに分けた場合（B），1 つめのクラスターは片貝，千田，吉谷，山辺，岩沢，真人，川井の 7 地区が，もう 1 つのクラスターは，東山地区のみが属する。これら 2 つのクラスターの分散分析では，それぞれで 2 つの母平均の差の検定を行ったところ，いずれの項目も有意差は確認されなかった。

　そして，片貝など 7 地区を 3 つに分けた場合（C），1 つめのクラスターは片貝，千田，吉谷の 3 地区が，2 つめのクラスターは，山辺，岩沢，真人の 3 地区が，3 つめのクラスターは川井地区のみが属する。これら 3 つの母平

56

均の差の検定を行ったところ，いずれの項目も有意差は確認されなかった。

　最後に片貝，千田，吉谷の3地区（D）と山辺，岩沢，真人の3地区（E）の母平均の差の検定を行ったところ，いずれの項目も有意差は確認されなかった。

　つまり，城川など4地区と片貝など8地区では結合型ソーシャル・キャピタルの強さによって分けられているともいえる。さらに，その類似性よりいくつかに分けることができるものの，要素の有意差で示すことはできなかった。

　結合型ソーシャル・キャピタルの違いにより大きく2つに分けられた一方は城川地区などの都市部（市街部）であり，もう一方は農村部（中山間部）であった。この都市部は，平成22年国勢調査結果による人口集中地区境界図から，人口集中地区に区分されている地域が含まれている。滋賀大学・内閣府経済社会総合研究所（2016）による全国的なソーシャル・キャピタルの調査によれば，人口集中地区を都市地域とし非人口集中地区を農村地域とした場合，結合型ソーシャル・キャピタルは農村地域において高い傾向にあるという。本調査の結果はその指摘とも合致する。

3.2.3　量的分析からの知見と限界

　本節で行った量的調査では，地理的な特徴と結合型ソーシャル・キャピタルの関連性が確認されたものの，さらにいくつかに分かれたクラスターの内実の解明や規定因の検証はできていない。たとえば，内閣府国民生活局市民活動促進課（2003）では「ソーシャル・キャピタルが潜在的な可能性として有する負の側面」として，強力な結合型ソーシャル・キャピタルに内在する排他性の危険性を指摘している。松下（2009）によれば，結合型ソーシャル・キャピタルが豊かな集落ほど橋渡し型ソーシャル・キャピタルが及ぼす影響は大きくなるという。各クラスターを理解するためには，質的調査による各地区ソーシャル・キャピタルへのさらなる考察が必要となる。

　そこで質的調査では，2つに大分した農村部（中山間部）の地区のうち，人口集中地区に近接する千田と吉谷地区，市街部をもつ片貝，岩沢および真人地区を除き，川井，山辺および東山地区に焦点を当てて，住民の活動をみ

ていきたい。

3.3 中山間地域における事例調査（質的分析）
——小千谷の地域づくり団体の取り組み

　住民を対象にした量的分析では，ソーシャル・キャピタルや地域ブランド資産 - 価値への評価が明らかになった。一方で小千谷市においては市内各地で地域団体によりさまざまな取り組みがなされている。こうした団体による地域での継続的活動の実情を知ることは，地域の価値づくりを理解することの一助となるだろう。

　本研究では，地域づくりに取り組む以下の団体への聞き取り調査を行った。①うちがまき絆（川井地区内ヶ巻集落），②おぢやクラインガルテンふれあいの里（山辺地区塩殿集落），③芒種庵および塩谷分校（東山地区塩谷集落）である。各団体については，その主要人物を対象にインタビューを実施した。聞き取りの内容は①組織立ち上げの経緯，②組織の取り組みの内容，③活動の効果，④抱える課題に大別し，各地区の重点項目を詳しく掘り下げていった。

3.3.1 うちがまき絆（川井地区内ヶ巻集落）

　川井地区は小千谷市の南部に位置し，新潟県中越地震の激震地・川口町（現・長岡市川口）にほど近い。信濃川水系が入り込み，震災にあっては道路や橋が水没し，一時，孤立した集落もあった。内ヶ巻はその川井地区の東側にある集落である。農業を柱としてきた同地にとり，集落の高齢化，農業後継者問題，米価下落，震災後の農地復旧は重くのしかかっている。同地にあって集落営農による諸問題の対応のため，2010年に19戸により誕生したのが農事組合法人うちがまき絆（以下，「絆」）である。農機具の共同購入・利用に端を発し，農業を中心とした多角的経営をめざしている。信濃川沿いに走るJR飯山線・内ヶ巻駅前の2階建ての空き家を事務所として再利用し，集会所や宿泊用具を備える。

　内ヶ巻の人々は，兼業農家率の増加による集落の顔合わせの機会の減少を

58

嘆く。接点の減少により集落のなかで
は，挨拶を交わさなくなる高齢者も増
えているという。これは集落に刺激が
なくなり，話題にあがる事柄が少なく
なったのも一因といわれる。ただし近
年はこの状況に楔が打ち込まれつつあ
る。その契機がインターン学生の受け
入れ事業である。当地に関与していた
復興支援員の提案が端緒であった。学
生は「絆」メンバーの指導のもと，農
業実習に取り組む。さらに集落のラジ
オ体操への参加，ホームページ作成，
高齢者の話し相手も担う。初年度は集
落内に取り組みがよく周知されなかっ

うちがまき絆（筆者撮影）

たため，学生への警戒心は高かったが，2年目より「絆」が全戸に学生のプロ
フィールを回覧し，その低減を図った。集落の人々と食事をする機会も多
く設け，親和性の向上に努めた。

　「絆」のメンバーは「学生の存在が集落に活気をもたらした」という。何
気ない日常風景，地域の恒例行事や古い建造物が学生には「目新しいもの」
として捉えられ，地域を見直す機会となった。既存研究の示す「交流の鏡
効果」「誇りの涵養効果」が見受けられる。塞ぎがちであった高齢者たち
も学生が話しかけると，今まで見たこともないほど饒舌になったという。
学生の滞在は一時的である。しかしその後も再訪する若者も多く，SNS を
通じた近況報告もなされる。集落の会合では学生の近況が会話の種になり，
住民間の交流の活性に一役買っている。学生の存在は Opener として内ヶ
巻の人々に他者を受け止める力を発揚し，薄れていた住民間の交流は学生
を媒介として，活性化しつつあるという。「絆」はこの効果を川井地区の
他の集落にも広めるべく，ノウハウの共有を図っている。これが進めば，
川井地区全体のソーシャル・キャピタルの向上が見込めるだろう。多様な

人材を受け入れ始めた受容形成状態にあって，交流が活発化した内ヶ巻集落にとって次なる課題は，「絆」の収益事業化である。農業生産にとどまらず農業経営のスペシャリストへと成長すべく，外部人材との協働を意識している。

3. 3. 2　おぢやクラインガルテンふれあいの里（山辺地区塩殿集落）

　山辺地区の中心には，かつてスキー場としてにぎわった山本山がある。山頂からは越後三山の山並みを望め，眼下に山本山高原の菜の花畑や信濃川と新潟平野を見渡すことができる。現在はドライブやハイキング・コースとして利用されている。塩殿集落は山辺地区の南部に位置した中山間集落であり，かつては桑畑が広がる養蚕業の盛んな地域であった。しかし，養蚕業の衰退に伴って桑畑も耕作放棄地となり，すすき野に変貌した。

　行政はその対策として，1990年代中盤頃から広がりをみせた「滞在型市民農園」（クラインガルテン）に着目した。地元有志と行政は先行事例を視察し，帰着後はその様子を映写会によって伝え，地元の理解を深めていった。一連の学びによって地域内の交流の機会となるとともに，連帯する目的が明確になり，地域内の親和性が高まったことが窺える。その後，2007年4月に「おぢやクラインガルテンふれあいの里」（以下，「ふれあいの里」）を設立し，塩殿集落の地主を中心とした管理組合が結成された。運営はあくまで組合主体とし，委託事業方式がとられている。

　ふれあいの里は都会の人々に対し，田舎暮らしを提供することを主な事業とし，「ラウベ」と呼ばれる宿泊施設付きの滞在型農園と，野菜づくりを楽しむ日帰り型農園施設をもつ。ラウベは延べ床面積40平方メートルの一軒家である。雪国ならではの高床式の農機具・自動車収納スペースを有し，200平方メートルの畑が併設されている。農作業経験のない利用者に対しては，旧地主たちによる農業共同生産組合が農業指導を提供している。ラウベの利用者は定年前後の年齢層が多く，ビジネスパーソンとして豊かな経歴をもつなど，さまざまな人々である。

　かつて冬季は陸の孤島となり，閉鎖的であった塩殿集落にとり，ラウベ利

用者との交流は刺激となり，
人々の様子も明るくなったとい
う。ふれあいの里ではほぼ毎月
イベントが開催される。当初は
利用者と管理組合中心の交流で
あったが，それ以外の地域住民
との交流も生まれ，利用者たち
は徐々に地域の祭りや行事，学
校の文化祭にも参加している。
今ではラウベ利用者たちの町内
会（ラウベ友の会）も結成され，

おぢやクラインガルテンふれあいの里
（筆者撮影）

さまざまな役割を自発的に担っている。その結果，塩殿集落の行事をラウベ
友の会と地元町内会が共催する展開へとつながった。地縁を得たラウベの利
用者は，ふれあいの里を拠点として他集落とも交流するという。

　ふれあいの里はよそ者としてのラウベ住民と，地元住民の交流を深め，地
域に活力をもたらす場としての役割を果たしている。さまざまな経歴をもつ
ラウベ住民の存在は塩殿の住民への「知識移転効果」をもたらし，自然豊か
な地でラウベ住民が見出す地域の魅力は「地域の再発見効果」を促す。イベ
ントを通じた各住民との協働の広がりは「地域の変容を促進する効果」の発
現にほかならないだろう。塩殿集落にとり，ラウベの人々はあくまで迎え入
れるよそ者であり Visitor であった。数多くの催し体験の共有と，その催し
の作り込み過程におけるビジョンの共有は，地域における交流の促進期にあ
ったといえる。

3. 3. 3　芒種庵および塩谷分校（東山地区塩谷集落）

　東山地区は小千谷市東部の山あいの地域である。かつては近隣の地域とと
もに「二十村郷」と呼ばれていた。現在も牛の角突きといった伝統行事が盛
んであり，養鯉業も世界から注目され，地域内外の交流が盛んな土地柄であ
った。牛の角突きや錦鯉は現在の小千谷市にとっても重要な地域資産であり，

芒種庵（筆者撮影）

シンボルでもある。これらの資産は他者を受容する素地となりえよう。

　同地区は新潟県中越地震における激震地の1つであった。そのため地震直後より全国から復旧ボランティアが入り，それが結果として，よそ者を受容するソーシャル・キャピタル醸成の礎となったと考えられる。最深部に位置する塩谷集落では，現在でも交流活動が盛んである。その交流のプラットフォームが芒種庵（ぼうしゅあん）および塩谷分校である。

　「地震でやむをえず塩谷を離れた人たちに，塩谷へ帰ったときは気楽に休める場所を残したい。塩谷に復興の種をまきたい」。芒種庵はその思いで地域住民が集いの場として再建した大正期の古民家である。同様にボランティア再訪の受け皿でもある。運営母体である「芒種庵を創る会」は，2005年の日本財団を中心としたボランティア活動をもとにし，7月に小千谷市内の仮設住宅で地域住民を中心に活動が始まった。芒種庵はこの活動の一環として，同年11月に再建された。現在はボランティアやインターン学生の受け入れや，各種行事および販売事業の企画運営を担っている。

　他方，塩谷分校は震災以降，調査に入り続けていた渥美公秀大阪大学教授の呼びかけで，2008年11月に設立された。塩谷分校はインターン学生に田植えや稲刈りなどの野外実習，積雪期には屋内講義を行うなど，集落全体を学校に見立てた活動である。これらのプラットフォームは，地域内のソーシャル・キャピタルの醸成，よそ者との関係性の深化に効果を発揮していると考えられる。

　塩谷集落にとって，震災を契機とした日本各地からのボランティアの入り込みは偶発的とはいえ，多様な人材との交流により地域は受容形成から価値共創へと急速な変容が進んだと思われる。彼・彼女らとの交流を通じて，地

域親和性や地域内交流の維持，促進がなされたと考えられる。さらに，よそ
者との継続した交流はさらなる刺激（「知識移転効果」「地域の変容を促進する
効果」）をもたらし，芒種庵と塩谷分校を顕現させるに至った。復興に向け
た取り組みのなかで生まれたプラットフォームは，よそ者との共通体験の量
とビジョンの共有志向度をともに促進させる役割を果たしてきた。それによ
り，地域の人々は外部からの大学関係者を地域変革の Partner とみなし，早
い段階で受容していたといえる。

　近年では関西の複数の大学が東山地区の空き家を購入し，定常的な交流が
進み，Specialist として地域との関わりを促進している。塩谷地区で調査活
動にあたっていた学生たちにより，塩谷地区のフォト・プロモーション活動
も展開されるようになり，地域とよそ者が価値を共創する価値創造活動のさ
らなる促進が期待される。

3.4　まとめ——地域の受容状態とプラットフォーム

　本章では，よそ者を受容する地域の状態を明らかにするために，その手が
かりをソーシャル・キャピタルに求め，地域によるよそ者の受容，協働の条
件や内実について，量的調査と質的調査の両面から分析を行った。本節では
そこから得られた知見を提示する。

3.4.1　地域の受容状態

　量的調査の結果から，この地域はソーシャル・キャピタルの結合側面によ
り分類されることが確認された。一方，外部人材の受入の程度と関わる橋渡
し型ソーシャル・キャピタルは有意に示されなかった。しかし，先行研究に
よれば結合型は橋渡し型の先行要因になることが指摘されており，その知見
に基づいて，いくつかの中山間地域を質的に分析することとした。それによ
ると，地域の受容状態はソーシャル・キャピタルの蓄積により3つに分かれ
る（受容形成期，交流促進期，価値共創期）と考えられ，状態によって受容さ
れるよそ者も異なると考えられる。

受容形成期にあっては，まず地域の誇りと他者への関心の醸成が求められる。阿部（2014）が示唆するように，Opener との交流がそれをもたらす。種々の先行研究や質的調査により，Opener には若き学生がふさわしい。地域は彼・彼女らに教育を施しつつ，彼・彼女らの反応から地域の価値に気づかされる。ただし未熟な学生を安易に地域に投入し，過度の期待をかけることには気をつけなければならない。受容状態の把握について留意すべきことがある。交流の活発な地域はよそ者を受け入れる準備ができているといわれるが，その内実は義務的な付き合いの可能性もある。量的分析の結果に鑑みれば，地域内交流という行動的側面にのみ囚われず，心理的側面である地域親和性を高めるような交流のあり方が求められる。

　誇りやよそ者への受容性が醸成されると，交流促進期に入る。地域の人々はよそ者との交流を楽しむようになり，よそ者と共通体験を重ねられるよう，交流の機会，長期滞在ができる場を設える。質的調査を実施したいずれの地域においても，程度の差はあれ，このような配慮がなされていた。この段階になると，ソーシャル・キャピタルやよそ者との共通体験の量も蓄積され，訪問者との関わりを楽しむようになる。まさに Visitor を心待ちにする。また，よそ者は活力ある地域を拠点としながら，近隣の地域へも足を伸ばすようになる。ここにあってよそ者の地域への理解は進み，彼・彼女らの評判も伝わっていると考えられ，近隣地域への浸透もしやすいことが推察される。

　価値共創期は先行研究が示唆するように，よそ者との交流を通じて地域へ知識移転が進み，地域の人々がよそ者と価値共創に取り組むようになると考えられる。その内実は加工食品のブランドづくり，エコツーリズム，地域ならではのライフスタイル提案など多様である。よそ者との頻繁で長期的な交流から，この状態にあっては，地域はよそ者との付き合い方を知悉するとともに，地域の解決すべき課題も以前よりは特定し，地域の魅力も明確に把握していることが窺える。よって，外部の特定分野の専門家が入っても依存する可能性は低い。また，変革意欲の高まりはビジョンの共有志向につながり，共通体験を重ねたよそ者を Partner と見立て，価値共創が展開されうるだろう。

3.4.2　プラットフォームの存在とその変容

　経営革新や地域づくりにおいて，プラットフォームの有用性が指摘されてきた（國領，2011）。小千谷市においても，地域とよそ者との関係の継続，価値づくりの装置として，地域づくり団体によるプラットフォームが存在していた。本章でみてきたように，地域の人々のよそ者への態度は変容する。それに伴って，プラットフォームの目的も「誇りの涵養，地域の再発見」「交流促進，知識の移転」「価値づくり」と変化していく。

　プラットフォームは創発的な価値創造を念頭に置く。「多様な主体が協働する」ことにおいて，プラットフォームはその促進装置であるが，地域の受容状態によってはその土壌づくりから取り組まなければならない。先行研究が指摘するように，地域によってはそれを求めながらも，時期尚早ゆえに表出すらできない所もある。土壌づくりにあっては，交流の効果を地域コミュニティに伝達する必要がある。「絆」はインターン学生と地域住民との接点を多く設け，共愉性（Illich, 1973/ 邦訳 1989）の醸成に努めた。山辺地区ではクラインガルテンの設立を前に，先進事例の内実の共有を地域内で図ったことにそれが窺える。

　これまでの議論を受けて，地域の受容状態とプラットフォームの役割を整理する（表3.2）。各受容状態には，そこでプラットフォームが取り組むべき目的と，活躍しうるよそ者が記載されている。状態はこれまでの議論を踏まえればソーシャル・キャピタルの程度によって分類されうる。

　これらの状態は受容形成→交流促進→価値共創とリニアに変化するわけではなく，相互に行き来する可能性がある。たとえば価値共創期にあっても，地域における価値継承が滞り，主要アクターの引退によりソーシャル・キャピタルに大幅な変化が起きる可能性がある。それにより，あらためて受容形成が行わる必要が出てくるだろう。

　本章では地域の受容段階について外部人材（よそ者）とソーシャル・キャピタルの観点から分析を行ってきた。よそ者の存在は，地域振興における重要なトリガーとなることはさまざまな研究で指摘されてきた。ここでは地域の受容段階とそれに伴って受容されうるよそ者の違いが明らかとなり，地域

表3.2　地域の受容状態とプラットフォームの役割

状　態	受容形成期	交流促進期	価値共創期
目　的	誇りの涵養，地域の再発見	交流促進，知識の移転	価値づくり
外部人材	Opener	Visitor	Partner, Specialist
ソーシャル・キャピタルの状況	交流が減退し，地域の愛着，他者への関心が減少。	地域内の交流が活発になり，連帯感など他者への親和性や関心が高まる。	地域内交流，外部人材との交流の促進，親和性も高まり，価値づくりのために多様な人材の活動が活発化する。

とよそ者の関係を統合化することを試みた。また，地域に関わるよそ者とプラットフォームという枠組みにより，地域ブランド価値の醸成過程を明らかにした。

　地域の実情は多様である。各段階の内実の理解のためには，さらなる事例の蓄積が必要となる。地域の受容状態は同時並行的に進行し，シナジーを起こしうる。また，リニアな進行を経ない可能性もある。プレイス・ブランディングの多様性に鑑みれば，受容状態もまた多様であることを忘れてはならない。

【引用文献】

阿部巧（2014）．震災復興から地域づくりへ．稲垣文彦・阿部巧・金子知也・日野正基・石塚直樹・小田切徳美『震災復興が語る農山村再生——地域づくりの本質』．コモンズ．

Illich, I. (1973). *Tools for Conviviality*. London: Calder and Boyars.（渡辺京二・渡辺梨佐訳（1989）．『コンヴィヴィアリティのための道具』．日本エディタースクール出版部〔ちくま学芸文庫，2015年〕．）

久保田進彦（2004）．地域ブランドのマネジメント（特集 地域ブランド戦略）．『流通情報』*418*, 4–18.

國領二郎，プラットフォームデザイン・ラボ編（2011）．『創発経営のプラットフォーム——協働の情報基盤づくり』．日本経済新聞出版社．

松下京平（2009）．農地・水・環境保全向上対策とソーシャル・キャピタル．『農業経済研究』*80*(4), 185–196.

内閣府経済社会総合研究所（2005）『コミュニティ機能再生とソーシャル・キャピタルに関する研究調査報告書』. https://warp.da.ndl.go.jp/info:ndljp/pid/11539153/www.esri.go.jp/jp/prj/hou/hou015/hou015.html（最終アクセス2021年12月26日）

内閣府国民生活局市民活動促進課（2003）.『平成14年度 ソーシャル・キャピタル ——豊かな人間関係と市民活動の好循環を求めて』. https://www.npo-homepage.go.jp/toukei/2009izen-chousa/2009izen-sonota/2002social-capital,（最終アクセス 2021年12月26日）

日本総合研究所（2008）.『日本のソーシャル・キャピタルと政策——日本総研2007年全国アンケート調査結果報告書』.

Putnam, R. D.（1993）. *Making Democracy Work: Civic Traditions in Modern Italy*. Princeton, NJ : Princeton University Press.（河田潤一訳（2001）.『哲学する民主主義——伝統と改革の市民的構造』. NTT出版.）

Putnam, R. D.（2000）. *Bowling Alone: The Collapse and Revival of American Community*. New York: Simon & Schuster.（柴内康文訳（2006）.『孤独なボウリング——米国コミュニティの崩壊と再生』. 柏書房.）

滋賀大学・内閣府経済社会総合研究所（2016）. ソーシャル・キャピタルの豊かさを生かした地域活性化.『地域活動のメカニズムと活性化に関する研究会報告書』. https://www.esri.cao.go.jp/jp/esri/prj/hou/hou075/hou75.pdf（最終アクセス 2021年12月26日）

敷田麻実（2009）. よそ者と地域づくりにおけるその役割にかんする研究.『国際広報メディア・観光学ジャーナル』*9*, 79–100.

図司直也（2012）. 農山村における地域サポート人材の役割と受け入れ地域に求められる視点.『JC総研レポート』*23*, 23–29.

第4章

アクターの織りなす地域活動と
地域間のプレイス・ブランディング

──新潟・三条市と福島・只見町をつなぐ八十里越──

新たなシステム・デザインが求められる日本において，既存の行政
システムの枠組みを超えたプレイス・ブランディングの知見を蓄積
していく必要がある。これに期待される方途の1つが第2章第2節
でみてきたIRPB（inter-regional place branding）である。本
章では，社会基盤整備によってつながる2つの地域のIRPBを量的・
質的調査を組み合わせることによって解明していく。

4. 1 IRPB調査に向けて

4. 1. 1 IRPB研究の展望

　第2章第2節にてプレイス・ブランディングの特性，IRPB の特性を経て，その研究課題を見出した。ここであらためて振り返る。

　価値創出・向上型の広域連携が進むなか，圏域設定や価値創出にかかる知見が求められている。日本における IRPB の先行研究では県を越え，歴史を軸とした広域連携の可能性が示された。歴史は過去にあったこととはいえ，その影響は現代人の生活行動や様式に息づいている。人々の認識にもその一端が影響しているかもしれない。連携先への親近感や交流意向を明らかにすることは，研究課題の1つであろう。

　また，国の内外を問わず社会基盤の整備を契機とした IRPB が報告されている。プレイス・ブランディングは人の認識に基づいて場が生まれると考えるものの，物理的な道や橋は人々の交流の土台となり，そこからブランディングが始まるといえよう。著しい財政赤字を抱える日本において，大がかりな社会基盤の整備は控えざるをえないが，社会基盤整備の意義を考えるためにも，IRPB を研究対象として注目しておく必要はある。

　これまで本書でたびたび繰り返してきたように，プレイス・ブランディングにおいて，アクターの多様性は実務的にも理論的にも向き合わなければならない課題である。IRPB ではそれがより与件的である。そこでは越境地域間の多層的な連携，すなわちマルチレベルの関係性に焦点を当てる必要がある。既存研究は産官を中心とした委員会方式のブランディングに照射する傾向にあった。IRPB を充実させ，それを萌芽期から次の段階へと至らせるためには市民間の連携も望まれる。その前提としてつながりうる各地域の住民が互いの地域をどう捉えているか，アクターのセンス・オブ・プレイスを把握する必要がある。

4．1．2　IRPBとしての八十里越

　前項で示した展望に基づいて，本章では国道 289 号線で結ばれようとしている新潟県三条市と福島県只見町調査対象とした。三条市は新潟県の中央部に位置し人口約 9 万 8000 人，江戸時代から金物工業の盛んな地域である。只見町は人口約 4200 人，南会津郡の豪雪地帯であり，町域を流れる只見川の活用により日本有数の水力発電による電源地である。両地域は 1000 メーター級の越後山脈で隔てられており，峠道の 8 里の行程が，1 里が 10 里に匹敵するほどだったことから，八十里越（はちじゅうりごえ）と呼ばれてきた（小田島，1974）。

　そのルーツは，治承 4 年（1180 年）の以仁王（もちひとおう）の伝承にまでさかのぼる。古来，会津と越後を結ぶ重要な街道として，人や物の交流の大動脈の 1 つであった。幕末の長岡藩（新潟県）藩士の河井継之助が北越戊辰戦争で敗走し，負傷したため担架に乗せられこの峠を越えた。そのとき，「八十里こしぬけ武士の越す峠」と自嘲の句を詠んだという。明治時代後期までは，越後からは塩，魚類，鉄製品が，会津からは繊維の原料が運ばれ，人の往来も盛んであり姻戚関係も少なくなかった。大正期に入り新潟と会津地方を結ぶ鉄道網が敷設されると，八十里越は衰退した（若槻，1994）。高度成長期，歴史のなかに埋もれていた八十里越に光が当たる。

　1970 年，新潟市から福島県中通りを経て，いわき市へと至る国道 289 号線の計画が制定された。この通過地として八十里越街道近くに道路が敷設されることとなった。289 号線はおおむね整備されたものの，八十里越の工事区間は難所であり，豪雪の影響もあって工事の進捗は遅く，289 号線のなかでも残された車輌交通不能区間である。しかしここにきて 2020 年代半ばの開通をめざし，工事が急ぎ進められている。それに伴い歴史的背景を有する八十里越を起点に，両地域の産官民によるマルチレベルの関係性によるブランディングが行われつつある。

　新潟県三条市は 2005 年 5 月に三条市，南蒲原郡栄町，同郡下田村と合併した。本章では地域をまたいだブランド形成を深く考えるため，三条市のなかで福島県只見町に県境をまたいで隣接する同市下田地域に注目した。

　八十里越にかかる IRPB に対し，本章では複数のデータ収集方法を用い分

析を行う混合研究法によりアプローチする。なかでも並列型混合デザインを採用する。並列型混合デザインは，量的アプローチと質的アプローチが比較的独立した2つの工程から成り立つ。それぞれの工程で研究の問い，データ収集，分析手法により成り立っており，包括的なリサーチ・クエスチョンに対して，各アプローチから関連する側面を明らかにすることを目的に計画され実行される。各工程の結果は研究の最後に統合されてメタ推論を形成する。メタ推論とは，混合型研究の量的・質的の2つの工程の結果から得た推論の統合を通じて生成される結論のことを指す（Creswell & Plano Clark, 2007/ 邦訳 2010；Teddlie & Tashakkori, 2009/ 邦訳 2017；Fetters, 2020）。

　地域という多様なアクターが存在するなかでのブランディングでは，アクター間の複雑な関係性が予想される。既述のとおり，IRPB に対する地域の認識を明らかにするには，マルチレベルの関係性の把握が必要である。そこで上述した混合研究法のデザインに基づき，量的調査では八十里越開通の機運が高まるなかでの2つの地域住民の互いの認識の把握を目的とする。両地域の人々が近隣地域の魅力をどう捉え，それが近隣地域への態度にどう影響しているのかを確認する。また質的研究では八十里越を軸とした地域振興に従事するアクターの実情の把握をめざす。具体的には両地域の交流促進に取り組む団体に質的調査を行い，両地域にまたがる連携の内実を分析する。これらの分析結果を統合し，IRPB の萌芽期に関する理解を深めることをめざす。

4. 2　IRPBにかかる心理の量的分析

　量的調査は以下のように行った。2016 年 10 月下旬から 11 月中旬にかけて，隣地域へのイメージ，地域ブランド資産認識評価，隣地域へのつながり，親近感，訪問意向等について尋ねた質問紙を，新潟県三条市下田地区と福島県只見町のそれぞれの住民を対象に各 1000 通郵送配布した。なお，有効回答は三条市下田地区が 43%（432 通），只見町が 43%（429 通）であった。両地域の住民による隣地域へのイメージについては，章末に付図として掲載する。

　調査では，表 4.1 と表 4.2 に示した質問項目について，リッカート尺度に

より評価がなされた。これをもとに地域ブランド資産認識に関わる 38 項目について因子分析（最尤法，バリマックス回転）を行い，析出された因子を地域ブランド資産認識の評価要素とした。なおこの因子分析では，共通性が 0.3 未満の項目を削除し，固有値が 1 以上となった因子を採用した。

　本章においては，地域ブランド資産認識の各評価要素と，「足を運んでみたい」「交流してみたい」「歴史文化的なつながりがある」「親近感がある」の〈態度〉についての各項目（要素）とにパスをつなげる構造方程式モデルを立て共分散構造分析による推定をする前段階として，つまり各要素の因果分析に先立つ基礎的研究として，諸要素間の想定されうる関係を重回帰分析で確認した。

　因子分析の結果，下田地区では 4 つの因子が抽出された。それぞれ構成変数をもとに歴史文化資産（ a = 0.888），生活資産（ a = 0.842），コミュニティ資産（ a = 0.838），食文化資産（ a = 0.752）と名づけた（表 4.1）。只見町では 5 つの因子が抽出された。それぞれ構成変数をもとに生活資産（ a = 0.842），歴史文化資産（ a = 0.850），コミュニティ資産（ a = 0.839），自然資産（ a = 0.749），食文化資産（ a = 0.815）と名づけた（表 4.2）。

　次に地域ブランド資産認識の評価要素を独立変数とし，態度の各要素を従属変数として，重回帰分析を行い，その関係性をみた。

　最初に「足を運んでみたい」を従属変数とした結果，下田地区においては，このモデルの自由度調整済決定係数（ R^2 ）は 0.079 であり，説明力は弱いものの，モデル式自体は 1% 水準で統計的に有意であった。係数をみると，歴史文化資産のみ 1% 水準で有意となった。只見町においては，このモデルの R^2 は 0.0137 であり，説明力は弱いものの，モデル式自体は 1% 水準で統計的に有意であった。係数をみると，生活資産とコミュニティ資産が 1% 水準，歴史文化資産では 5% 水準で有意となった。

　そして「交流してみたい」を従属変数とした結果，下田地区においては，このモデルの R^2 は 0.132 であり，説明力は弱いものの，モデル式自体は 1% 水準で統計的に有意であった。係数をみると，歴史文化資産とコミュニティ資産が 1% 水準で有意となった。只見町においては，このモデルの R^2 は

表4.1 下田地区からみた只見町の地域ブランド資産認識の因子分析結果

設問（変数）	I 歴史文化資産	II 生活資産	III コミュニティ資産	IV 食文化資産	共通性
芸術，伝統芸能などの文化的な活動が盛んであると思う	0.847	0.122	0.188	0.072	0.772
地域に受け継がれている独自の芸術，伝統芸能があると思う	0.841	0.124	0.170	0.194	0.789
伝統文化の保存に積極的であると思う	0.835	0.027	0.183	0.122	0.746
歴史上有名な物語があると思う	0.787	0.027	0.113	0.196	0.670
芸術や伝統芸能などの文化を身近に体験できる場があると思う	0.763	0.133	0.231	0.149	0.675
史的なまち並みが残っていると思う	0.751	0.191	0.193	0.181	0.671
歴史を感じさせる場所があると思う	0.738	0.003	0.182	0.228	0.630
芸術や伝統芸能などの文化に対する住民の興味が高いと思う	0.677	0.174	0.256	0.203	0.596
芸術家や文化人に好まれる場所があると思う	0.648	0.065	0.283	0.318	0.605
文化施設がよく利用されていると思う	0.605	0.253	0.290	0.164	0.541
歴史上有名な人物を輩出していると思う	0.569	0.145	0.094	0.257	0.420
働く場が充実していると思う	0.058	0.910	0.104	0.085	0.849
地域内での交通機関が発達していて，移動に便利だと思う	0.031	0.884	0.015	0.022	0.784
経済・商業の中心となる産業があり，地域の活性化に貢献していると思う	0.072	0.815	0.155	0.102	0.703
医療機関が充実していると思う	0.095	0.806	0.162	0.050	0.687
生活が便利であると思う	0.085	0.745	0.058	-0.053	0.569
福祉サービスが充実していると思う	0.169	0.719	0.177	0.154	0.601
子育てしやすい環境であると思う	0.274	0.615	0.198	0.204	0.534
人と人との交流が活発な地域であると思う	0.388	0.254	0.753	0.203	0.823
世代を超えた交流があると思う	0.408	0.230	0.752	0.176	0.815
住民とよそから来た人が交流できる雰囲気があると思う	0.409	0.239	0.653	0.274	0.725
多様な価値観や趣味を持った人たちの交流の場があると思う	0.409	0.298	0.606	0.329	0.732
食べ物がおいしいと思う	0.406	0.068	0.210	0.804	0.860
地域固有の特産品（農産物，水産物，畜産物，酒など）があると思う	0.400	0.068	0.230	0.751	0.781
おいしい料理屋があると思う	0.346	0.240	0.238	0.657	0.666
寄与率（%）	28.151	19.047	11.601	10.234	
累積寄与率（%）	28.151	47.198	58.799	69.033	

残余項目：3回の因子分析で削除された設問（変数）
・地域で受け継がれている生活文化があると思う
・物価が高くなく、生活費の負担が少ないと思う
・新しい文化の受け入れ，育成に積極的であると思う
・良質の温泉があると思う
・教育に熱心な地域であると思う
・魅力的な宿泊施設があると思う
・その地域を代表する食べ物があると思う
・伝統的な郷土料理があると思う
・住民同士が交流できる場があると思う
・地域に特徴的な気質，価値観があると思う
・美しいまち並みがあると思う
・山，川，滝，森林など豊かな自然があると思う
・地域固有の特徴のある草，木，花があると思う

表4.2　只見町からみた下田地区の地域ブランド資産認識の因子分析結果

設問（変数）	I 生活資産	II 歴史文化資産	III コミュニティ資産	IV 自然資産	V 食文化資産	共通性
働く場が充実していると思う	0.841	0.178	0.165	0.107	0.178	0.810
医療機関が充実していると思う	0.837	0.245	0.157	0.090	0.101	0.804
地域内での交通機関が発達していて，移動に便利だと思う	0.823	0.205	0.174	0.061	0.168	0.781
生活が便利であると思う	0.781	0.160	0.188	0.070	0.140	0.696
福祉サービスが充実していると思う	0.717	0.289	0.133	0.060	0.179	0.652
経済・商業の中心となる産業があり，地域の活性化に貢献していると思う	0.716	0.287	0.295	0.140	0.161	0.728
子育てしやすい環境であると思う	0.635	0.148	0.358	0.156	0.217	0.625
新しい文化の受け入れ，育成に積極的であると思う	0.520	0.318	0.364	0.005	0.118	0.518
芸術，伝統芸能などの文化的な活動が盛んであると思う	0.197	0.893	0.240	0.050	0.094	0.906
地域に受け継がれている独自の芸術，伝統芸能があると思う	0.250	0.832	0.166	0.089	0.153	0.813
伝統文化の保存に積極的であると思う	0.318	0.827	0.236	0.072	0.142	0.866
歴史を感じさせる場所があると思う	0.310	0.671	0.149	0.227	0.222	0.669
芸術や伝統芸能などの文化に対する住民の興味が高いと思う	0.177	0.532	0.386	0.215	0.143	0.530
歴史上有名な物語があると思う	0.354	0.495	0.069	0.077	0.370	0.518
世代を超えた交流があると思う	0.200	0.236	0.854	0.104	0.197	0.875
人と人との交流が活発な地域であると思う	0.274	0.253	0.815	0.147	0.140	0.844
住民とよそから来た人が交流できる雰囲気があると思う	0.311	0.231	0.707	0.206	0.172	0.722
住民同士が交流できる場があると思う	0.416	0.153	0.567	0.252	0.116	0.595
地域固有の特徴のある草，木，花があると思う	0.125	0.114	0.167	0.936	0.178	0.963
山，川，滝，森林など豊かな自然があると思う	0.112	0.160	0.210	0.759	0.135	0.676
その地域を代表する食べ物があると思う	0.375	0.203	0.120	0.184	0.692	0.709
食べ物がおいしいと思う	0.348	0.201	0.292	0.129	0.669	0.711
伝統的な郷土料理があると思う	0.079	0.311	0.304	0.251	0.520	0.529
寄与率（％）	15.845	13.997	9.615	8.647	5.896	
累積寄与率（％）	15.845	29.842	39.457	48.104	54.000	

残余項目：3回の因子分析で削除された設問（変数）
・歴史的なまち並みが残っていると思う
・芸術や伝統芸能などの文化を身近に体験できる場があると思う
・歴史上有名な人物を輩出していると思う
・地域で受け継がれている生活文化があると思う
・芸術家や文化人に好まれる場所があると思う
・文化施設がよく利用されていると思う
・物価が高くなく、生活費の負担が少ないと思う
・良質の温泉があると思う
・教育に熱心な地域であると思う
・魅力的な宿泊施設があると思う
・おいしい料理屋があると思う
・多様な価値観や趣味を持った人たちの交流の場があると思う
・地域に特徴的な気質、価値観があると思う
・美しいまち並みがあると思う

0.0210 であり，説明力は弱いものの，モデル式自体は 1% 水準で統計的に有意であった。係数をみると，生活資産，コミュニティ資産と自然資産が 1% 水準，歴史文化資産が 5% 水準で有意となった。

さらに「歴史文化的なつながりがある」を従属変数とした結果，下田地区においては，このモデルの R^2 は 0.152 であり，説明力は弱いものの，モデル式自体は 1% 水準で統計的に有意であった。係数をみると，歴史文化資産と食文化資産が 1% 水準で有意となった。只見町においては，このモデルの R^2 は 0.0235 であり，説明力は弱いものの，モデル式自体は 1% 水準で統計的に有意であった。係数をみると，生活資産，歴史文化資産と自然資産が 1% 水準で有意となった。

最後に「親近感がある」を従属変数とした結果，下田地区においては，このモデルの R^2 は 0.198 であり，説明力は弱いものの，モデル式自体は 1% 水準で統計的に有意であった。係数をみると，歴史文化資産とコニュニティ資産が 1% 水準，食文化資産が 5% 水準で有意となった。只見町においては，このモデルの R^2 は 0.0235 であり，説明力は弱いものの，モデル式自体は 1% 水準で統計的に有意であった。係数をみると，生活資産，歴史文化資産と自然資産が 1% 水準で有意となった。

ここで，順に互いの地域へのブランド資産要素の重回帰分析結果において，有意水準 5% 以下の標準偏回帰係数（β）をみると，下田地区，只見町とも，県境の向こうの地域の歴史文化資産より歴史的つながりを感じ，親近感をもっていることが窺える。

下田地区から只見町をみると，コミュニティ資産から弱いながらも交流意向と親近感が，また食文化から歴史的・文化的つながりと親近感が生じており，共通の文化をもつ隣人と考えていることが窺える。一方，生活資産は 5% 水準で有意性は認められなかったものの，いずれの態度にも負の相関が示されていた。只見町を過疎地域として認識しないまでも，奥会津という鄙（ひな）びたイメージが影響しているのかもしれない。

次に只見町から下田地区をみると，自然資産から歴史的・文化的つながりが生じており，同様に共通の文化をもつ隣人と考えていることが窺える。ま

76

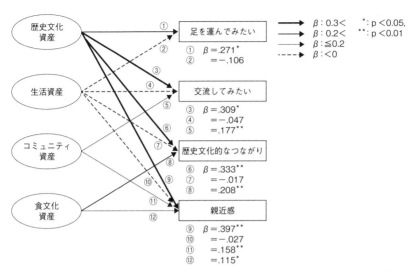

図4.1　三条市下田地区における只見町へのブランド資産認識重回帰分析結果

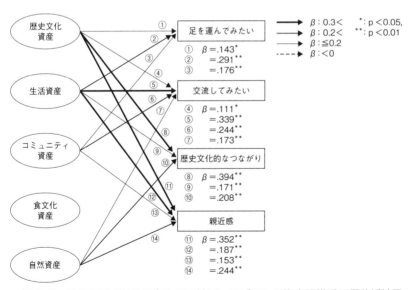

図4.2　只見町における三条市下田地区へのブランド資産認識重回帰分析結果

た生活資産より訪問・交流意向が生じているのは，下田地域の向こうにある三条市中心部の生活インフラや商業施設からくるものと思われる。しかしながら，R²の値がいずれも著しく小さいため，地域ブランド資産認識と態度の関係で説明できることは限定的といわざるをえない。

　以上，地域ブランド資産認識と態度との関係性をみた。その結果，両地域ともに歴史文化資産が他方への態度形成に関係していることが確認された。IRPBにおけるこの意義については，統合分析にて後述する。

4．3　八十里越をめぐるアクターたちのIRPB

4．3．1　八十里越をめぐる行政を中心とした取り組み
　八十里越の2020年代半ばの開通を見据え，11年には両自治体を中心に八十里越道路暫定的活用検討懇談会が設立された。ここでは行政が中心となり，地域間交流と両地域の活性化などについて検討する団体等を対象に交流事業を展開している。具体的には市民を対象とした八十里越工事見学のバス・ツアーを行い，不通区間を限定的に通り抜けることにより，開通後の利便性や効果を実感させている。また只見町と下田地区だけではなく，新潟県中越地方と奥会津地方および福島県内各町村間の絆を強めることを目的とした「R289フルコース踏破事業」も行われている。この事業は只見町の高校生を対象に自転車と徒歩により工事区間を含めて走破する取り組みである。こうした持続的取り組みをもとに，物産販売や観光面での地域間交流促進も練られている。この事業を通じて両地域の人々がそれぞれの名所を巡り，その価値を体験するに至っている。

　また両地域の財界は開通を見据え，企業間連携の取り組みに着手し，工業分野における受発注が生まれている。たとえば，只見町の金型メーカーである株式会社会津工場は，下田地区にあるアウトドア用品メーカーの株式会社スノーピークと連携を行っている。その取り組みは製品の受発注にとどまらず，只見町の自然を活かしたキャンプ等の体験機会の創出へと及んでいる。これらの事実から新たな交通インフラの整備は，越境地域間の経済・文化的

秘境八十里越体感バスツアーの様子

（公益社団法人新潟県観光協会：新潟観光ナビ，三条市役所提供）

交流を促進させていることが窺える。ただし，行政による懇談会は年1回程度の開催であり，例年の取り組みを繰り返すにとどまっている。

4.3.2 「NPO法人しただの里」による取り組み

三条市下田地区は豊かな自然と諸橋轍次記念館，八十里越古道といったさまざまな地域資源を有している。ここではさらに多様な地域資源を活かしながら，地域間・多世代交流事業を通じた地域づくりをめざす「NPO法人しただの里」（以下，「しただの里」）および大竹晴義代表に焦点を当てる。近年，下田地区を中心にさまざまな取り組みを行っている「しただの里」大竹氏の歩みを知ることは，IRPBにおけるボトムアップ・ビルディングに貴重な知見をもたらしうる。「しただの里」代表・大竹晴義氏へのインタビューは2018年7月2日，新潟県三条市内にある同氏所有の事務所内にて実施した。インタビューは半構造化方式をとり，聞き取りの内容は，①設立の経緯，②NPOが実施する活動の内容，③各種活動の参加者の概要，④地域内外の人々の態度変容と協働，⑤活動が抱える課題に大別し，内容を掘り下げていった。

また必要に応じて，大竹氏に電話を通じたインタビューを行いデータの補足を行った。

　「しただの里」は大竹晴義氏により 2015 年に設立され，16 年度より本格的に活動を開始した団体である。団体の主な目的は八十里越と下田地区の活性化である。歴史資産である八十里越を活用し，三条市および近隣町村の一般市民を対象とした「八十里越ルート調査及び古道トレッキングコース整備事業」を行ってきた。この事業は下田地区の最北地にあり八十里越の入口である吉ヶ平を起点として，只見町側に至る古道の八十里越をトレッキング・コースとして整備しながら，古道を踏破することを目的とする。また，定期的に「八十里越フォーラム」を開催し，広く八十里越の存在とその歴史的価値について周知を続けている。「しただ郷子ども自然体験活動」など，子どもを対象にした活動も行っている。自然に親しみ，古道を体験する催しを通じて，八十里越や吉ヶ平における地域の自然・歴史教育を行ってきた。

　大竹氏は下田地区八木ヶ鼻の生まれである。中学の頃に友人に誘われて訪れた吉ヶ平が遊び場となり，以来，縁の深い場所となった。1998 年，下田地区の祭りとして吉ヶ平にある雨生ヶ池の伝承をもとに，大蛇を祭った神輿を担ぐ企画が立ち上がった。それに参加した大竹氏をはじめとした当時の若者たちは，集団離村により無人となった吉ヶ平に建つ分校の姿を見て憂えた。その保存活動が「しただの里」の原点である。NPO としての活動は下田地区に道の駅の建設計画が立ち上がった際，民間として地域活性化に貢献することに端を発する。

　一般的に「八十里越」と呼称される道は，整備中の 289 号線と脇に位置する 古 からの山道を総称している。古道の八十里越では，地域住民により草刈りといった整備が年 2 回ほど行われていた。10 年ほど前に大竹氏もその手伝いに関わり，古道を歩んだ体験から八十里越に興味が湧くようになったという。もともと歴史好きな大竹氏は歴史の舞台ともなったこの道にロマンを感じ，古道を中心とした活動に傾斜していく。

　活動を続けるなか，大竹氏は只見町の名士・長谷部家の現当主である長谷部忠夫氏を知人から紹介された。長谷部氏は八十里越を歩いたことがなく，

歩いてみたいという。長谷部家は八十里越の出入りを監督する叶津番所を治め，古文書などでも頻出する。大竹氏は長谷部氏とともに，一緒に古道を踏破することとなった。以来，長谷部氏とは意気投合し，活動をともにし，只見側の機運醸成に一役買っているという。前述したように「しただの里」は2016年度より八十里越の山道整備を行ってきた。整備を通じて一般観光客も安全に楽しめる新たなトレッキング・コースを設定し，地域活性化を企図してきた。大竹氏と長谷部氏との出会いは，山道整備という八十里越の体験創出に加え，八十里越の歴史の側面を際立たせる起因となった。

　大竹氏の八十里越にかかる取り組みは，点ではなく面を意識するようになる。古道は三条市下田地区，魚沼市，只見町にわたっており，地域をまたいでそれらが結ばれるような人的交流が望まれる。そうした認識のもと，他地域との連携の促進を意識した事業に注力していく。

　そのための仕掛けの1つとして，八十里越の歴史的意義を伝える八十里越フォーラムを毎年手掛けている。このなかでより多くの人々に八十里越に関する歴史を知ってもらうために，河井継之助を紹介し，また八十里越研究の権威である，長岡市の歴史家・稲川明雄氏の協力を得ていく。只見町の住民にあっては郷土に関わりある歴史上の人物・河井継之助と八十里越は，記念館の存在を通じて地元の歴史文化資産として認識されていた。八十里越開通が現実のものとして地域に認識され始めるなか，いわば歴史文化資産と現在をつなぐ状況が生まれ始めていた。只見町の住民は下田地区とのさらなる交流に期待を寄せるようになった。そうした機運が好機となり，稲川氏の協力により八十里越フォーラムは拡充していく。両者の連携により只見町と下田地区を起点とした八十里越フォーラムは，県内を中心に毎年200人を超える人々が参加しているという。

　八十里越フォーラムを発揚するもう1人の協力者は「プロジェクトX――挑戦者たち」など数多くの番組を手がけた，NHKの元エグゼクティブ・アナウンサーである国井雅比古氏である。人づてに国井氏と知己を得た大竹氏は，地域への思いをこめた手紙を書き，国井氏を八十里越に招いた。ここで八十里越と地域への思いを語る機会を得る。国井氏は，大竹氏が地域に没頭

する姿に感銘を受けた。国井氏からは「大竹君，君のやることはおもしろいから協力する。プライベートで来るから肩書は気にしないでほしい。」という言葉をかけられたという。以降，両者には八十里越を軸とした協力関係が生まれ，国井氏は八十里越フォーラムには毎年ゲストとして参加しその盛り上げに貢献している。大竹氏は国井氏を「本人がおもしろいと思わなければ動かない存在」と捉えている。企画の相談相手としても一役買い，「次は何するの？」という国井氏から寄せられる感心は，八十里越フォーラムの企画を練るうえでも力になっているという。

八十里越フォーラムは歴史文化資産としての八十里越を地域内外の人々に発信するにとどまらず，IRPBとしての八十里越を価値づけるアクターとの出会いに重要な役割を果たしている。稲川氏，国井氏という協力者を得て，八十里越フォーラムは古道を軸にしながら，毎年，多様なテーマで催されている。

大竹氏が「八十里越」をテーマに他地域の連携も意識した活動を展開しているのは，ここ10年のことである。開通後にその意義を地域の人々に訴えるのでは遅いという問題意識から，古道の整備をはじめ八十里越フォーラムといった取り組みに注力してきた。フォーラムは回を重ねるごとに多様な参加者を惹きつけていった。また参加者は下田・只見両地区にとどまらず，新潟県内全域へと広がっていった。多くの人々から手ごたえを得ることにより，大竹氏は下田地区の児童・生徒が郷土の歴史をより身近に実感できるイベントの開催を企図していく。これらのさまざまな活動の積み重ねは多様なアクターとのつながりとビジョンの共有を生み出し，また大竹氏と他のアクターたちが刺激を与えあうという関係性を醸成しながら，実現・拡大してきたといえる。両地域にまたがる活動は多様なアクターを軸としながら，地域間のさまざまな人々の交流や親近感の醸成に少なからず貢献しているといえよう。

4.4　八十里越をめぐるIRPBの広がり

　八十里越をめぐっては近年，新たなIRPBの動きもみられる。2020年5月に，三条市，南会津町，只見町の地域づくりに関わるメンバーにより，開通を見据え「越後・南会津街道観光・地域づくり円卓会議」が結成された。八十里越道路沿線地域としての新たな観光地域コンセプトの検討や，具体的な広域観光連携事業の検討・実施に取り組んでいる。

　この円卓会議で，三条市下田地区の「道の駅漢学の里しただ」駅長の佐野英憲氏が，只見町の米焼酎メーカー「合同会社ねっか」代表の脇坂斉弘氏に，下田産の米と只見産の米で焼酎を一緒につくらないかと相談を持ちかけた。これにより，三条市下田地区北五百川集落の農業法人いもがわで作られた棚田米「コシヒカリ」と只見町の棚田米「里山のづぶ」を使って「合同会社ねっか」で米焼酎「八十里越」を作ることとなった（北陸地域づくり協会，2021）。

　仕込み作業には農業法人いもがわのメンバーが協力し，ラベルのデザインは八十里越の尾根をイメージし，筆文字を下田地区の古社・八木神社宮司である石澤攻氏が手がけた。そして2021年4月1日より，只見町の「ねっか」と三条市の「道の駅漢学の里しただ」で発売された（『三條新聞』2021年3月29日，7面）。「道の駅漢学の里しただ」では，わずか4日で完売するほど盛況であった。

　佐野氏は「八十里越で結ばれていた両地域が，時を越え再びつながり，いっしょに地域の未来を描き前に進もう

「八十里越」三条コラボ
（合同会社ねっかHP, https://nekka.jp/genntei/）

としている。若い人にはこの地域に誇りを持ち，ここでの暮らしを受け継ぎ次世代につなげていってほしい。そのための『しくみ』の一つ，米焼酎ができた」（北陸地域づくり協会，2021，p. 21）と円卓会議の成果を確信している。

4.5　統合分析

　本章では八十里越を対象にそのIRPBの分析を行ってきた。先行研究では歴史文化資産を軸としたIRPBが示されたものの，その促進の駆動因として十分に明らかにされたとは言いがたい。

　地域間連携としての観光圏に注目した徳山・長尾（2013）は，連携地域の住民が評価しやすい資産として歴史文化資産，自然資産を挙げた。そこで観光圏が戦略的ゾーニングへと昇華するためには，体験価値に基づいて規定したコンセプトを共有する必要があり，観光圏の歴史文化資産に基づく事例を示した。本研究の量的調査にあっては，モデルの説明力は弱いものの両地域ともにそれぞれの地域ブランド資産を認識し，それが交流意向や歴史的・文化的つながりといった態度へと関係することが確認された。とくに歴史文化資産の各態度への関係性は顕著であった。このことは先行研究の結果を補うことになろう。

　質的調査にあっては，行政を中心としたIRPBが緩やかに進むなかで，歴史文化資産に注目した個人（大竹氏）が，それをもとにIRPBへと至る関係性の創出に力を注いでいる様相を確認した。両地域にまたがる歴史文化資産としての古道八十里越は，地域の人々にとって国道として整備される道としても認識されてきた。国道としての八十里越は計画当初より半世紀近くが過ぎようとしており，いまだ完成がみえない状況は，地域住民にとっては「いつか開通するもの」という，自分には遠い話として認識されてきたといえる。これに対し古道としての八十里越においては，両地域でそれぞれ既存の歴史文化資産を活かす取り組みがなされていた。そうしたなか，国道としての八十里越の整備進展が契機となり，自治体を中心に交流機会が創出され，互いの地域への注目の機運が生まれつつあった。

　地域住民の歴史文化資産へのまなざしの変化に着目した個人（大竹氏）は，八十里越を象徴とし両地域の関係性が育まれるような歴史文化資産の再活用に取り組んだ。このなかでは個のアクターによる取り組みが他のアクターを呼び寄せ，コラボレーションが促進されていった。さらに地域住民にとどまらない内外のつながりが生み出されていった。これらの取り組みは「歴史文化資産である古道」と「生活資産である国道」という両方の意味をもつ八十里越に対し，地域内外の住民に両者の意味をつなぐようなリ・フレーミングであったといえる。地域住民の認識の変化は，次世代につながる歴史文化資産の認識の醸成と教育資産としての転換を導きながら，両地域の関係性を醸成するという個のアクターとしての大竹氏のさらなる活動を可能にしていく。こうしたさまざまなアクターによる交わりは，地域住民にとっても「八十里越」という言葉の意味の変容から促されるものであり，これらは行政やさまざまな他のアクターの活動を既存のものとは違う形で促進しうることを示唆している。

　上述のとおり，本章においても，連携の駆動因として地域ブランド資産，とくに歴史文化資産が機能しうることが示された。

4. 6　まとめ——プレイスの意味づけにおける多様な個の関わり

　本章では既存研究と同様に，行政や経済団体が八十里越に関わる IRPB の連携構築の起点となったことが確認された。ただし既存研究が示唆するように，今後はその取り組みに停滞が起こることも考えられる。本研究の質的調査からもその進みは緩やかであることが窺えたなかで，個々人が広げるプレイスの意味によって IRPB の停滞を防ぐ可能性が窺えた。大竹氏たちの取り組みは共感の輪を広げながら，八十里越というプレイスの意味を深めている。それが委員会方式でない個が駆動する IRPB の強みであろう。プレイス・ブランディングの萌芽期にあっては，センス・オブ・プレイスをいかに探索するかが課題である（若林ほか，2018）。それがブランディングのサイクルを回す原動力となることが指摘されてきており，八十里越でもその一端を窺うこ

とができた。

　また，プレイスの意味を広げる個人による取り組みは，その取り組みを促進しうる専門性をもったアクターを誘引することになる。プレイス・ブランディングの文脈におけるアクターのマーケティングにおいて，地域外の協力者の獲得は重要な研究課題のひとつである（長尾・山崎・八木，2018）。とりわけ専門性の高いアクターは時間の制約も著しく，協力を得るためのハードルは高い。既存研究では「明確なコンセプトが協力者を呼ぶ」（長尾，2006）と指摘し，さらにコンセプトの理解（ルールの理解），協力者との事業内容の詰め，意思のすり合わせ（ロールの認識），交流による共感の場づくり（ツールの共有）を誘引の要件として示す。本事例では，地域のアクターとして活動していた個人（大竹氏）が，歴史文化資産としての八十里越の活用に携わってきた。その活動の大きな転機となったのは，稲川氏や国井氏との出会いであった。大竹氏と彼らとの関係性を深めたのは，八十里越に対するコンセプトの理解と共有である。それに基づき，彼らが協力者として積極的な参加・協力をし，大竹氏もそれを活かす共感の場づくりとしてのフォーラムの開催を進めていった。このことは，アクターとしての大竹氏が専門性の高いアクターの誘引に成功した証左であろう。

　以上の分析により，2つの地域において互いが地域ブランド資産，とくに歴史文化資産を認識しており，交流意向や歴史的つながりといった態度を保持していることが明らかとなった。行政レベルでは八十里越を起点とした住民同士の交流事業を進め，IRPB の素地づくりを意識している。また個としてのアクターは実際に歴史文化資産を活用し，両地域の関係性を導き，他のアクターを誘引し協働しながら，資産の活用と転換を行い，IRPB を展開していくことが示された。このように歴史文化資産は連携促進の駆動因として重要であるが，「個によるセンス・オブ・プレイスの深耕」や「専門性をもったアクターの誘引と共感の広がり」も欠かせない。これらは互いに影響を与えあいながら，IRPB におけるマルチレベルな関係性を促進させているのである（図4.3）。

　本章では混合研究法をとり，各調査法を組み合わせることで，IRPB にお

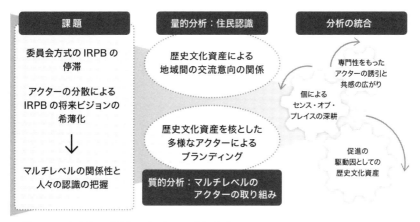

図4.3　本研究の分析のプロセスの振り返り

けるマルチレベルの関係性を調査した。とくに，IRPBにおける個の意識の把握や役割の重要性を明らかにし，多様なアクターが地域のビジョンに目を向けながら，自律的に協働する様相を示した。

　IRPBでは，社会基盤の整備や維持に端を発しうることから，各ステークホルダーが参加し制度的に運用される委員会方式によって，ブランディングが図られることが多い。しかしそれはとかく会議室にて四角四面に運用されるため，持続的なプレイス・ブランディングにとって重要なセンス・オブ・プレイスの探索には寄与せず，ブランドのコンセプトを曖昧にする。

　本章ではIRPBの実例として，八十里越を取り巻く両地域の人々が近隣地域の魅力をどう捉え，それが近隣地域への態度にどう関係しているのかを確認した。そこでは地域ブランド資産が訪問意識だけでなく，交流意識に関係していることが明らかとなった。さらに，地域ブランド資産を認識した個人が，地域間のつながりの方向づけや意味づけを行う存在となりうることを確認した。

　一方で個人を起点としたブランディングは，他者を巻き込むことにおいて課題を有する。彼・彼女らはともすれば地域内において孤立しがちである。本章では専門性の高いアクターの誘引によって孤立を克服し，そうした人々

との関係性を軸としたさらなる価値共創がなされることが確認された。

　さらに，地域資産が橋渡しとなって IRPB の対象地域をつなぎ，市民を含めた多層的な連携の素地となることが窺えた。とくに中山間地域ではブランディング資源が少ないため，拡散共創型ともいうべき共在アプローチ（若林ほか，2018）を志向する必要がある。IRPB を萌芽期から次の段階へと至らせるうえでは，個の取り組みの支援やセンス・オブ・プレイスの把握と共有が欠かせず，行政にあってはその点での貢献が期待される。

【引用文献】

Creswell, J. W. & Plano Clark, V. L.(2007). *Designing and Conducting Mixed Methods Research*. California: SAGE Publications.（大谷順子訳(2010).『人間科学のための混合研究法』. 北大路書房.）

Fetters, D. M.（2020）. *The Mixed Methods Research WorkBook : Activities for Designing, Implementing, and Publishing Projects*. California: SAGE Publications.

北陸地域づくり協会（2021）. 北陸再発見：米焼酎「八十里越」誕生──街道を結ぶ新たな"始まり"(福島県只見町・新潟県三条市下田).『地域づくり in ほくりく2021年夏号』25, 20-21.

長尾雅信（2006）. アートを核としたエリアブランドの構築──コミュニティへの注目とアクターのマーケティング.『マーケティングジャーナル』26(2), 100-118.

長尾雅信・山崎義広・八木敏昭（2018）. 地域ブランド論における外部人材の受容の研究──中山間地におけるソーシャル・キャピタルの測定から.『マーケティングジャーナル』38(1), 92-107.

小田島允武, 源川公章校訂（1974）.『越後野志(下)』. 歴史図書社.

三條新聞（2021）. 下田と只見の米で造った米焼酎.『三條新聞』3月29日付, 7面.

Teddlie, C. & Tashakkori, A.（2009）. *Foundations of Mixed Methods Research: Integrating Quantitative and Qualitative Approaches in the Social and Behavioral Sciences*. California: SAGE Publications.（土屋敦・八田太一・藤田みさお監訳（2017）.『混合研究法の基礎──社会・行動科学の量的・質的アプローチの統合』. 西村書店.）

徳山美津恵・長尾雅信（2013）. 地域ブランド構築に向けた地域間連携の可能性と課題──観光圏の検討を通して.『商学論究』60(4), 261-282.

若林宏保・徳山美津恵・長尾雅信, 電通 abic project編 (2018). 『プレイス・ブランディング――"地域"から"場所"のブランディングへ』. 有斐閣.

若槻武雄 (1994). 八十里越――中越後から奥会津を結ぶ峠道. 小村弌監修. 『図解・新潟県の街道』. 郷土出版社, 140-144.

（付図）両地域の住民による隣地域へのイメージ

図4.4　下田地区住民が抱く只見町のイメージ

図4.5　只見町民が抱く三条市のイメージ

第5章

個のアクターによる価値創造活動
──地域おこし協力隊の分析とNPO法人SOMAのケース──

地域プラットフォームの構築においてさまざまなアクターへの注目は重要である。第2章第1節，第3節でみてきたように，よそ者としてのアクターによるコラボレーションにより新たな価値を生み出すことが期待される。本章ではミクロなレベルの個としてのアクターに着目し，地域プラットフォーム構築における役割を明らかにしていく。

5. 1 「よそ者」を出発点とするアクターの分析

5. 1. 1 ミクロ・レベルからの地域プラットフォームへのアプローチ

本章では，地域プラットフォームの構築における個人としてのアクターに着目する。アクターを集団としてみた場合，企業や行政，大学といった大規模な組織体から，何らかの目的のために設立された委員会や小規模な有志の集まりなど，その様相は多岐にわたる。一方で個人として活動することを通じて，地域プラットフォームの構築に重要な役割を果たすアクターも存在する。

第3章においては地域の状態に応じた外部人材（よそ者）の受容が，地域の発展に大きく影響する点が示された。そこで描かれた外部人材は専門家であったり，学生であったりと，個として多様な背景をもち，その多様性こそが地域に対するトリガーとなることが指摘されている。第4章では多様なアクターによって長期間にわたる地域活動が積み上げられ，地域間のプレイス・ブランディングがなされていく様が示された。そこにおいても行政や企業といった組織としてのアクターだけでなく，個として場（プレイス）の構築に寄与するアクターの存在が描かれている（マルチレベルのプレイス・ブランディング）。このように地域プラットフォーム上で展開される価値創出において，個としてのアクターの存在は欠かせないことは明らかである。言い換えれば，あらゆる地域プラットフォームは，人が関わるからこそ個の存在を抜きにしては語れないともいえよう。

これらを踏まえ，個としてのアクターのなかでもとくに地域にとって当初は外部人材（よそ者）であり，場に働きかける存在に改めて着目したい。言い換えれば，ミクロなレベルの活動を出発点とするアクターを指す。彼らの活動は，地域における行政や企業に属したうえで行われる組織的活動の範疇にとどまらない。では「よそ者」から出発したアクターは，どのように価値創出活動を展開し成し遂げていったのだろうか。

個としての活動を出発点とした場合，組織を主体とした産官学民連携など

と比較して，資金力や人力など活用しうるあらゆる資源や事業規模がおのず
と異なる。たとえば産官学民連携における組織アクターによる地域プラット
フォームの構築は，しばしば大がかりな政治的背景や組織リーダーの意思決
定のもとに成されていくのに対し，個としてのアクターにとっての起点はあ
くまで個の動機に帰結する。つまり外部人材として地域に参画した場合，そ
の動機や理由は個々人の大なり小なりの目的意識に求められるのだろう。個
としてのアクターは，そこを起点として活動するなかで，地域からの受容と
自己の認識を変容させながら地域課題に取り組んでいく。その一方で，そう
した存在であるからこそ，組織や地域内部のアクターではなしえない多方面
の協働による価値創出を成し遂げていける可能性があるともいえる（山崎，
2016）。

　プラットフォームではアクター間の相互作用をもとに，創発的な価値創造
がなされるという（國領，2011）。これを踏まえると，個としてのアクターに
よるミクロなレベルを起点として展開される多様な場づくりや価値創出活動
が，どのように地域プラットフォーム構築とつながりをもっていくのかとい
う点について改めて考察していく必要がある。個という「点」はどこまでプ
レイスやプラットフォームという「面」の広がりにつながっていくのだろう
か。こうした問いをもとにして，地域で活動する個としてのアクターに再び
着目し，価値創造活動のプロセスについてひもといていきたい。

5.1.2　個としてのアクターへの視座──M-GTAによる分析

　個としてのアクターの価値創造活動のプロセスを把握するうえでの課題は
何か。その1つとして，外部から地域に入るアクターがさまざまな地域の課
題に関わる際に，継続的な地域との相互作用のなかでどのように変容してい
くのかといった点がある（山崎，2016；長尾・山崎・八木，2018）。そこで本
節では都市部から地域に参画する外部のアクターとして，地域おこし協力隊
を中心に取り上げる（山崎，2021）。まず，企業や自治体などによる大規模な
資本投入が見込めない小規模な中山間地で行われるコラボレーションの初期
段階から中期段階を把握することが期待される。また，個としてのアクター

が地域という「場」と関わり，自身がどのように変容していくか，その相互
作用の把握を試みるものである。

5.1.3　フィールドの選定と分析手続

　調査フィールドとして第3章で取り上げた新潟県小千谷市に加え，妙高市
を選定した。両地域は全国的な傾向と同じく中山間地域を中心に今後さらな
る人口減少に拍車がかかると予測されている。両地域は2013年より地域お
こし協力隊制度を導入してきた。こうしたなか小千谷市では協力隊員を「卒
業」した地域おこし協力隊が，地域へ定住しながら就農する，地域振興活動
を継続する，地域の事業を継承するといった一定の成果がみられている。ま
た妙高市においては協力隊員と地域住民とのコラボレーションによって，既
存の地域ブランド資産を新たな視点によって地域文化・教育資産へと再転換
し活用していくといった成果が先行研究により明らかになっている（山崎，
2016）。

　とくにコラボレーションの初期段階に着目した先行研究を踏まえ両地域を
選定し，そこで活動中の地域おこし協力隊員・地域復興支援員を中心に調査
を行った。アクターの変容プロセスとして分析するにあたり，地域で長期的
に活動している集落支援員は除外した。協力が得られたインタビュー対象者
は両地域で地域おこし協力隊として活動している11名である（2015年時点，
表5.1）。

　それぞれの協力隊員は，中山間地域に居住しながら地域の生活支援活動以
外にもさまざまな活動を行っている（表5.2）。これらの対象者に，2015年2
月から4月にかけて1人につき約60分前後の半構造化インタビューを行っ
た（各1回）。インタビュー・フローはまず協力隊に参加した経緯を聞くこ
とを導入とし，そのうえで活動のなかでいい意味で印象に残っている出来事
についてのエピソードや場面と，困難に感じたエピソードや場面について尋
ね，とくにそこでの他者とのやりとりや印象，受け止め方について語っても
らった。また協力隊として地域の人々に受け入れられたと感じた瞬間や，そ
れまでの経験を通して自分のなかで感じた変化など，さらに地域への認識の

94

表5.1　分析対象者

No	協 力 者	性　　別	年　　齢	活 動 地	活 動 歴
1	A	女性	20代後半	小千谷	10カ月
2	B	男性	30代前半	妙　高	1年6カ月
3	C	女性	30代前半	小千谷	1年8カ月
4	D	男性	30代後半	小千谷	1年8カ月
5	E	男性	30代前半	小千谷	1年11カ月
6	F	男性	30代前半	妙　高	1年3カ月
7	G	女性	20代前半	妙　高	1年6カ月
8	H	女性	20代前半	小千谷	11カ月
9	I	男性	40代前半	小千谷	1年
10	J	女性	20代後半	小千谷	1年
11	K	女性	40代前半	小千谷	10カ月

表5.2　分析対象者の活動概要

No	協 力 者	参加時点での主な動機	主な活動内容
1	A	地域活性を職業に	農家民宿運営
2	B	自然教育への興味	伝統工芸
3	C	地域と食の関係への興味	農家レストラン
4	D	地域振興への興味	各種イベント開催
5	E	地方での暮らしへの興味	施設運営
6	F	自然とともにある生活	イベント等
7	G	大学でのゼミの影響	休眠施設の再利用
8	H	地方での子育て・幼児教育	幼児教育施設
9	I	地方での就農と地域振興	農作業補助
10	J	伝統技能の継承	施設運営
11	K	地方での食堂経営	農家レストラン

変化についても，変容プロセスを念頭に置いてインタビューを行った。

5．1．4　M-GTAとは

　分析にはグラウンデッド・セオリー・アプローチ（以下，GTA）を用いた

（Glaser & Strauss, 1967）。GTA は質的研究の分野において，現実的な理論（グラウンデッド・セオリー）の構築をめざす方法論とされる立場であり，「理論産出型ケース・スタディ」とされている（澁谷，2009）。また GTA は医療や教育などのヒューマン・サービスをはじめ，経営学領域においても活用されている（髙橋，2014；德山，2015；吉田，2015）。中山間地域に関わるアクターが変容していく心理的プロセスに焦点をあてるためには，質的なアプローチが必要であると判断した。さらに本章では実践的活用を重視し，分析過程の明示等を修正した M-GTA を採用した（木下，2003, 2007, 2020）。M-GTA では研究者はデータを分析テーマに照らし合わせながら，対象者にとっての意味を解釈し概念を生成しつつ，概念間の関係であるカテゴリーにまとめていく。最終的にこれらの概念間の関係をもとに分析対象の現象を説明する図式（結果図）を提示し，ストーリーラインとしてその全体像が記述される。さらに結果図をもとにした実践への応用が志向され，その有効性を検証することが研究の回路になっている（木下，2020）。

　本章における分析プロセスの要点として，まず対象者のインタビュー・データの内容を通読しながら研究テーマと関連性のありそうな箇所に着目した。そして対象者にとっての意味を解釈し定義としてまとめ，その内容を概念名として創出していく。なおデータをみる際，ある切片から概念をつくることもあれば，1 ページ，2 ページにわたって述べられている事柄を 1 つの意味として解釈することもあるとされる。また概念名はすでに確立された専門用語ではなくデータに密着した言葉が望ましいとされる（木下，2020）。研究者の解釈の恣意性を防ぐため，同様の具体例が当該対象者のデータの他の箇所や，他の対象者にみられるか類似例を通じて比較を行った。同時に，生成された概念に対し反対の場合を検討し，対極例がみられるかの対極比較を行った。こうした比較分析を継続して行い，1 つの概念ごとに 1 枚の分析ワークシートが作成された。

　分析ワークシートは概念名と定義と具体例，および考察や比較を記述した理論的メモから構成されている。分析ワークシートにより 1 つの概念が生成されると，同様の手順で新たに次の概念を生成していく。複数の概念を生成

すると同時に，先行して生成された概念との関係性の検討を重ねていく。こうした作業が繰り返され，概念間の関係をあらわすカテゴリーとしてまとめるなかで収束化を行った。これらは最終的に中心概念としてまとめられた。

5．1．5　分析結果（全体のストーリーライン）

これらの手続きによって生成された各概念とカテゴリーをもとに，分析で示されたプロセスを主要なカテゴリーを中心に，ストーリーラインで説明する。文中での〈　〉は概念として，【　】はカテゴリーとしてそれぞれ生成されたものとして示す。

地域に参画した地域おこし協力隊は，決められた任期のなかで〈成果意識〉をもつことで地域の課題や業務に取り組もうとする。それは地域に対する事業について〈活動の壁〉に行き当たるリスクを含んだ状態であると同時に，活動に対する〈成功体験〉を実感するなど【地域おこし協力隊としての試行錯誤】を重ねる時期である。また，地域で生活することはさまざまな地域の側面に向き合うことを意味する。地域住民との交流のなかで〈都会暮らしにはない関わりの距離〉から〈地域からの受容の実感〉を得る【地域への溶け込み】。反面，〈地域住民との否定的なコミュニケーション経験〉やさまざまな〈地域団体関係者との否定的コミュニケーション経験〉といったネガティブな経験と向き合うこともあり，これらは【地域からの拒絶】につながる。

他のアクターとの相互作用は，時には〈地域外アクターとの交流による気づき〉により，異なる視点から地域の多様性を理解できる状況にあって，それぞれの経験に距離感をもってみつめていく状態にあることを意味している【経験の俯瞰化】。【地域おこし協力隊としての試行錯誤】や【経験の俯瞰化】は相互に影響しあう，活動と生活が切り離せない葛藤とリスクを含んだ状態である。試行錯誤ととくに【地域からの拒絶】は〈よそ者としての孤独感〉につながる。そうしたなか，監督者的アクターに対し〈役所への期待〉から〈役所への諦観〉といった行き詰まりを実感し，他方，自身の活動を理解してくれる場や地域住民など〈救い所〉を得ることにより葛藤に対する折り合

表5.3 概念リスト

No.	カテゴリー	概念名	定義
1	【地域おこし協力隊としての試行錯誤】		地域おこし協力隊としての活動業務について手探りで進めていくこと
2		成果意識	地域おこし協力隊としての活動の成果を自覚して結果をだそうと意識すること
3		成功体験	活動を通じて成功したと実感できていくこと
4		活動の壁	地域への試みが軌道に乗らず，失敗やうまくいかない現実を認識していくこと
5	【経験の俯瞰化】		経験を通じて地域の現状と自分の認識のギャップに気が付いていくこと
6	【地域への溶け込み】		地域や住民と摩擦なく溶け込んでいったという認識をもてること
7		都会暮らしにはない関わりの距離	地域住民とのやりとりから，これまでの都会の生活とは違う人との距離感を感じていく
8		地域からの受容の実感	地域住民が受け入れてくれている姿勢を理解できるようになること
9	【地域からの拒絶】		地域住民とのやりとりから，地域全体へのネガティブな印象を作り上げていくこと
10		地域住民との否定的コミュニケーション経験	地域住民とのやり取りのなかで，ネガティブなコミュニケーションに直面する
11		地域団体関係者との否定的コミュニケーション経験	活動や生活上の問題から地域団体関係者とネガティブなコミュニケーションに直面する
12		地域外アクターとの交流による気づき	自分の地域外での交流で刺激を受けること
13	【地域アクターとしての自己の捉え直し】		概念カテゴリー14，19により再カテゴリー化
14	【避けられない事態の受容】		状況や他者に納得していなくても自分のなかで折り合いをつけていくこと
15		よそ者としての孤独感	周囲への理解を求めながらも，行き詰まりや孤立感をおぼえていく
16		役所への期待	役所からのサポートに期待すること（概念17より概念化）
17		役所への諦観	役所の姿勢に不満をもち期待しないようになる

18		救い所	困難な状態でも周囲に話を聞いてもらえる存在がいると思えること
19	【よそ者からの変容】		活動を通じて地域と自分の考え方の整理をつけ，今後の方向性を定めようとしていく
20	【地域おこし協力隊としての変容】		概念21，22よりカテゴリー化
21		立場を越えた関わりの自覚	第三者的な立場を越えて自分の気持ちを中心に活動を捉えなおしていく
22		媒介者としての存在の意識	地域と自己の存在の関係性について，媒介者としての役割を意識していく
23	【地域住民としての変容】		概念24，25よりカテゴリー化
24		将来定住へのヴィジョン修正	活動地域に将来自分が住んで暮らしていくということについて，実感としてイメージをもてるようになること
25		将来収入の模索	将来の収入について自身のなかで答えを探していくこと

注）　概念名において【　】で括られたものは概念カテゴリーである。

いをつけていく【避けられない事態の受容】。そこで彼らは活動に対する自己像の変化を実感し，〈立場を越えた関わりの自覚〉や〈媒介者としての存在の意識〉といった【地域おこし協力隊としての変容】を実感していく。また地域で生活する自身の存在についても，〈将来定住へのヴィジョン修正〉や〈将来収入の模索〉といった，具体的な定住についての意識を変化させていく【地域住民としての変容】。

　活動と生活の両面について影響しあう意識の変化は，部外者としてその地にやってきた【よそ者からの変容】を意味するものであり，地域や現状を受容することと自己の変化を知ることによる【地域アクターとしての自己の捉え直し】を表している。地域おこし協力隊の多くは限られた期間のなかにおいて，よそ者から出発して【地域おこし協力隊としての試行錯誤】と【経験の俯瞰化】を経て，【避けられない事態の受容】と【よそ者からの変容】を内包した【地域アクターとしての自己の捉え直し】に至る。一連のプロセスは個人と地域の相互作用性の一端をあらわすものであることが明らかとなっ

た。以上のカテゴリーや概念および定義については表5.3で，カテゴリー間の関係については結果図（図5.1）で示した。

5．1．6　M-GTAにおける考察

　M-GTA による分析によってコラボレーションの初期段階における地域おこし協力隊の変容プロセスが明らかになった。分析結果は個としてのアクターが地域という「場」と関わり，コラボレーションしていく相互作用のプロセスにおいて，状況の変化に伴う認識の変容や役割意識の変容が示唆されるものであった。また山崎（2016），長尾・山崎・八木（2018）によるアクターの動態的把握の方法について事例や量的なアプローチ以外にも，M-GTA による方法論的妥当性が示された。

　M-GTA による結果図については，2 年目の任期を迎えた地域おこし協力隊がこれまでの活動について振り返ったとき，自身の活動の成果や失敗のみならず，地域とのさまざまなコミュニケーションの経験を俯瞰するなかで，自身と地域への認識を変容させていくプロセスが窺えるものであった。とくに残りの任期も踏まえ将来を考えるときに，地域おこし協力隊から地域住民へとどのようにそのあり方を見直すかが窺えた。他方，本来互いのリソースをもとに協働するはずである役所や地域住民や団体との葛藤が存在することと，それをどう捉えるかが変容の大きな柱となっていることは興味深い。

5．2　教育による「場」づくり──NPO法人SOMAのケース

　本節では地域外からの個として活動するアクターについて，ケースからひもといていく [1]。M-GTA によって地域外からのアクターの心理的な変容が明らかになった。ここではアクターの活動と考え方を，より具体的なケース・スタディとして記述する。これにより地域における価値創造活動の実際を，アクターの思考のプロセスも含めて明らかにしていく。また，個としてのアクターがどのように地域プラットフォーム構築へ貢献していくかを明らかにするものである。

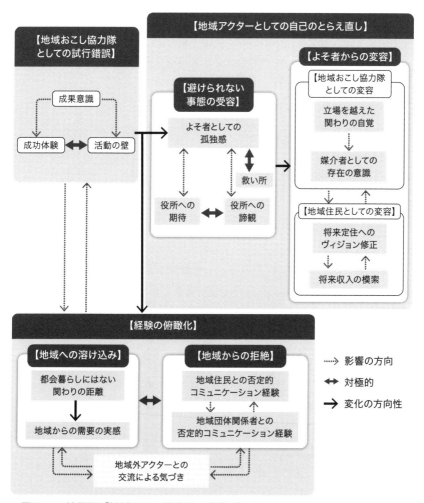

図5.1　結果図「地域おこし協力隊の変容プロセス」

5.2.1　土佐で新しい「場」をつくるために

　瀬戸昌宣氏（NPO 法人 SOMA 代表理事）は，2016 年から高知県土佐れい
ほく地域（大豊町，本山町，土佐町，大川村）において，5 年間にわたり教育
を軸とした活動を行ってきた。瀬戸氏は教育家であると同時に，農業昆虫学
者としての顔をもつ。学生時代から環境問題に興味をもち，日米にまたがり

環境科学を学んでいた。帰国してからもその探求心は尽きず再度渡米し，農業と昆虫を扱う農業昆虫学の分野で研鑽を重ね，ニューヨークのコーネル大学で博士号を取得するに至った。アメリカでは昆虫に触れあうさまざまなイベントの企画にも数多く携わっていた。

　その後，当時イベントに参加した子どもたちも自身の所属する大学に進学する年齢を迎えるようになった。子どもから大人となった彼・彼女らが，自身の活動をきっかけとして昆虫に興味をもつようになったという話を聞いたとき，「バトンの受け渡しが終わった」と実感したという。時を同じくして瀬戸氏自身の幼い子どもの成長や変化に，目を奪われていった。子どもが環境と相互作用しながら独自の成長を遂げていく姿を見るにつけ，子どもに働きかけるより「場」に働きかけたいと思うようになっていく。

　そして瀬戸氏は帰国後の 2016 年に土佐町で 1 年強のあいだ地域おこし協力隊，嶺北高校教育魅力化特命官として従事した後に，2017 年 5 月に NPO 法人 SOMA を立ち上げ，2021 年まで同地域で教育活動を軸に，ソーシャル・アントレプレナーとしてさまざまな執筆・講演などを行うようになった。SOMA のミッションは「ひとが育つ環境をととのえる」ことにあるという。そこでは「学校教育・学校外の多様な学びの場，社会教育・生涯学習，社会教育施設などひとが発達・発育する環境の企画・運営・改善」をめざすとしている。こうした理念のもと学校教育の支援から，学校外の学びの場，図書館を中心とした社会教育の場を，一からデザインしてアップデートしていく，そういったアプローチの事業を展開している[2]。

5. 2. 2　活動の理念──「これまで」と「これから」を通じて

　瀬戸氏は海外でさまざまな人種・文化的背景の違う人々と研究・活動をした経験から，「言葉だけで解決しないことがほとんど」と実感していた。そこで異なる背景をもつ人たちが成長していくうえでは，言葉で伝えることにのみ頼るのだけではなく，環境や場に作用することで発達・発育を促していくアプローチが重要であると思い至ったという。

　瀬戸氏は活動の理念の基本軸を「それしかないわけない」としている。そ

SOMAのホームページ

れはAをとるかBをとるかといった，二項対立の価値観から距離をとる姿勢である。物事を捉えるうえで2つの価値観が対立する考え方や姿勢は，一見するとわかりやすく論理を組み立てやすい。しかし，どちらかの立場に立った際に，反対側の立場に必ず否定が入るため，人々の間に受容の姿勢が生じにくいという。人がお互いの差異を理解しあい，自他の考え方を肯定し受容するための考え方が必要であるとしている。

　こうした観点に立ったうえで自身の活動を振り返ると，「これまで」と「これから」という時の流れも，まさに二項対立の軸としても捉えられる。瀬戸氏によれば，「これまで」と「これから」の2つが対立した形になると，われわれはなかなか前に進めず膠着するという。自分にとっての過去である「これまで」の活動について，他者から継続と効率化を求められることが多い。そうした効率化の行き着く先は，自身の未来の活動である「これから」を縛ることになると瀬戸氏は指摘する[3]。こうした考え方と向き合いながら，いかに「多項共立」の考え方を実現するかを念頭に活動をしてきた。

5. 2. 3　活動の理念——地域における「これまで」をどう捉えるか
　高知県土佐町は人口約4000人，高齢化率約45％の中山間地域である（2016

年当時)。地域には個々人のさまざまな営みによって未来がつくられていく
なかで，「これまで」のさまざまな慣習や考え方が立ちはだかることをたび
たび瀬戸氏は感じていた。今までやってきたことや，その連続性の尊重を周
囲から求められることも多かった。なぜそうなのかと考えたときに，人々が
語る「これまで」の主語が，きわめて曖昧であることに気がついていったと
いう。人々が語る主語は地域における年長者であったり，亡くなった人であ
ったり，考え方であったりと茫洋としていた。しかし「これから」を語ると
きの主語は，「わたし」にならざるをえないと瀬戸氏は指摘する。

　さまざまな活動のなかで，瀬戸氏自身が「地域」という輪郭がはっきりし
ない抽象的な捉え方に抵抗されてきた実感があると語る。時には「今までそ
うしてきたから」，「それが地域の考え方だ」と説明する人々に多く会ってき
た。しかし，そこで語られる「地域」は高知県全体なのか，町なのか，集落
の一エリアなのか，はっきり提示されることはなかった。瀬戸氏はこうした
主語が曖昧かつ可変な状態を無自覚のままに土台として，人々が「地域」に
対する論理を構築している問題点を指摘する。こうした土台からのスタート
にあっては地域の人々が何かの課題を話し合って解決する際に，ほとんどの
場合「これまで」が勝ってしまう結果につながるという。高知県で活動する
際に，そうした点にしばられず，「わたし」がありのままにいられる「場所」
を形作ることの重要性に気づいていった。一方，当時の土佐町には，不登校
の児童・生徒は一定数いたにもかかわらず教育支援センターは存在しなかっ
た。そうした思いにより，現実に存在する場所としてつくったのが，コワー
キング・スペース，コスタディ・スペース「あこ」である。

5. 2. 4 「場」としての「あこ」

　コワーキング・スペース，コスタディ・スペース「あこ」は土佐弁で「あ
そこ」「あなた」を意味している。スペースの設立にあたってはさまざまな
名前の候補があがった。そのなかで，日常的な言葉や方言そのものを取り込
める魅力を感じる言葉が「あこ」であったという。このため人々にとって，
「あこ」という名前にさまざまな意味を感じられればいいとしている。誰か

から「どういう場所か」と聞かれたときに，利用する人によってその意味合いが違う場所であれば，その答えも変わっていくことが許されるような場所であってほしいとしている。1 人ひとりのあり様が違っていても，その人のままでいられる，という願いが「あこ」という名前にこめられている。このため「あこ」では「きまりがない」ことを唯一のルールとしている。「あこ」は開設から約 1 年後，2018 年度の文部科学省の実証事業という形式で，教育支援センターとしての役割も担うようになった。

　「あこ」は一見すると，そのあり様が公民館のようにみえる。瀬戸氏は日本における公民館の理念のすばらしさを認識しつつも，そのとおりの理念を体現している公民館がどれだけあるかについて疑問を感じている。「公」は「民」の集積としてしか立ち上がってこないのではないか。行政がやることが「公」というのは，お金の流れとしては正しい認識であることは認める。しかし，1 人ひとりが「公」をつくりあげるという考え方が大事ではないかとしている。このため「あこ」はいつ，誰が来てもいい，という場所にした。そこでは法人の事務所も同じスペースに存在している。その隣では小学生が勉強し，さらにフリーランスのデザイナーが仕事をしている。ワークショップでも井戸端会議でも自由に使える。皆が皆の背中をみているような，そういうデザインの場所をつくったとしている。

　大人が会議をしているような場で，子どもたちが大きな声で話すことができる状態は問題がないのだろうか。この点について，瀬戸氏は「誰かの自由が担保されても私の自由が担保されないとしたら，自分たちの自由を最大化するためにはどうすればよいのか」と仮置きする。そのうえで「これくらいの大きさの声ならいい」という認識を，言葉を介さずに，お互いが存在を認めあい，物理的に他者の自由を許容したりしなかったりしていく状態が望ましいとする。こうすることで「ルールはないけどルールが自然に立ち上がっていく環境」となることを意識している。

　「あこ」では ICT 技術を用いたさまざまな教育実践を日常的に行う一方で，月に 1 度，座談会を開催していた。そこでは老若男女さまざまな人たちが集まるという。人口 4000 人弱の町のなかで，40 人から 80 人の人々が集い，

SOMAの活動の様子（瀬戸氏提供）

講演などを開催している。NPO 法人の事務所をかねた「あこ」は公共スペースとして幅広い人々に利用され，年間延べ利用者数は 8000 人を超えることとなった（瀬戸，2022）。

　そうした催しの最中も，高校生は横で自習し，小さな子どもたちは遊んでいる状態を許容している。また普段の「あこ」では，昼の時間帯は高齢者の交流の場になる日もあるという。「あこ」は施設として固定化された何かをする場所ではない。「私がこうしたい」ことが許され，お互いが観察しあうことで「私の自由」が担保されることを体感できる場所をつくりたいと，瀬戸氏は語る。

5.2.5　社会の「発育」をめざして

　瀬戸氏は「あこ」を皮切りに教育拠点のあり方への認識を深めていく。約 150 年前に日本に取り入れられた「教育」という言葉は「人の能力・才能を引き出す」という訳語上の意味がある。この教育という訳語が定着したとき，主語が学習者ではなくなったと瀬戸氏は指摘する。教員が教え育むという理

解のもと，世の中には学校が何かを与えてくれる場所であるという認識が溢れているという。このため「教育という言葉は嫌いだ」とする。しかし，日本における教育の理念が間違っているわけではないともいう。ただ，私教育・公教育・学校教育という関係性のなかで，学校教育が過大な役割を担わされているこれまでの状況を問題視する[4]。そのうえで瀬戸氏は教育という言葉は，「発育」という言葉が本来の意味なのではないかとしている。

　瀬戸氏は教育に対する問題意識として，社会の変化そのものを教育の側が伝えていない点をまず指摘する。これは情報教育といった技術進歩への対応という次元ではないとする。今後は，決められたことを努力して行えばなんとかなるという社会ではなくなり，新しい「これから」が目まぐるしく形作られていくのではないか。人々は新しい「これから」に受け身で適応するのか，それとも自分がその「これから」に創造的に適応することで，多項共立に入るのか，その選択を迫られているという。若者の就職という観点からも，新卒一括採用という「神話」は崩れている。20 年前の日本と今は海外との実質賃金の格差が開く一方であり，そうしたマクロ環境の変化を若者に認識させることなく，従来の教育で社会に送り出すのは無責任ではないかとする。また瀬戸氏は学校教育と公教育はイコールの関係にない点を指摘する。そのうえでこれまで学校教育に担わせてきた側面を，これからは公教育が担う必要性があると指摘する。

　瀬戸氏は学校教育を否定していない。ただし，学校教育だけでなく教育一般で発育することを重視する。そのうえで現状は，本来，公教育や私教育が担うものを学校教育に詰め込みすぎているのではないかとしている。理想とされるのが学校教育・公教育・私教育すべてにより容易にアクセスすることができる状態のなかで，人が発育していくことであるとしている。「あこ」の活動について振り返ることで，瀬戸氏は，「学校（これまで）を活かしながら，『これから』が生まれる環境をととのえる」ことの重要性を認識したという。

5.2.6 「これから」──エデュケーション・ハブ i.Dare（イデア）

　瀬戸氏は「あこ」での活動の実感をもとに，2019年にエデュケーション・ハブ「i.Dare（イデア）」が立ち上がることになる。i.Dareはコンセプトとして「生きる，あそぶ，まなぶを自由に」を中心に置いている。これは包含関係として私教育，公教育，学校教育を捉え，この3つを自由に行き来できる状態を意味しているという。これを個人の視点からみた場合，全体が生きるということであり，生きることのなかに遊びがあり，遊びに没頭したときに最も多くの学びがあるとしている。この環境を整えることで「2度とは戻らないそういう世界をわたしたちは生きていく。1人ひとりの育ちを，1人ひとりのベスト・タイミングで，ひとが育つ環境づくりをi.Dareは支えます」としている。

　そのうえで瀬戸氏は「あなたは，何したい？」という問いを子どもたちに投げかけている。i.Dareで活動する子どもたちは，毎週，小さなことから大きなことまで自ら起こしたい行動（アクション）を決め，実行しているという。人は日々小さな意思決定の積み重ねのなかで生きているが，すべてを必ずしも意識して行っているわけではない。このため1つひとつのアクションにそれがしたい行動なのか，子ども自身が問いを立てていくという。このことは誰かの役に立つから，社会の役に立つからといった視点ではなく，自由意志のもと自己決定をして実際のアクションにつなげることを企図している。そのなかにはアクションを起こさない，という選択も許容している。

　このためi.Dareでは1人ひとり違う人間であることを前提としている。そのうえで「発達段階に合わせた学びの機会」「自由意志による自己決定の保障」「創造性を支える自尊感情の醸成」を大事にしたいとしている[5]。「発達段階に合わせた学びの機会」については，「○年生なのになぜできないのか」といった学年で画一的に区切った観点からの言葉の投げかけに対して，「あなたはこういう状態だ」という現状把握をスタートにすべきだとしている。それを踏まえ「自由意志による自己選択の保障」として，「自分はこのままでいいかどうか」自分で考えられる点を重視する。その試行錯誤を通じて自尊感情が醸成され，創造性が育まれていくとしている。また，これらの理念

を 1 つの環境に落とし込んでいくために，「3〜15 歳の年齢縦断型の環境」「発達段階を的確に把握」「自己対話と自己認識を促すアート」「発達段階に合わせた体育」「自他認識の多様化するトリリンガル環境」「創造性を育むアントレプレナーシップ」の 6 つの特色を盛り込んでいる。

5.2.7　瀬戸氏が関わっていた土佐での i.Dare（イデア）の活動

　i.Dare はこうした理念のもとプログラムを作成し，活動を開始した[6]。地域の子どもたち 12 名が毎日 8 時 30 分から 15 時 30 分まで参加していた。1 日の流れは，まず全員でお互いのコンディションを伝えることから始まる。そこでは体調だけでなく，今悩んでいること，こんなことが嬉しいなど，まず朝にすべて周囲に話すという（チェックイン）。ここで自分の状態を確認してから 2 時間はフリータイムである。この時間は子どもたち 1 人ひとり，もしくはグループで，自分たちで考え何をするか決めて過ごすという。その後のお昼の給食は子どもたちがゼロから作る。羽釜と薪でご飯を炊き，さまざまな料理を作っていく。そこでケガがあっても保護者とやりとりしつつ，それも学びとしていく。午後の 2 時間もフリータイムであり，最後に今日の 1 日で自分がどのように変化したかチェックアウトとして伝える。時おり別途のプログラムを挟みながら，基本は日々この繰り返しであったという。

　i.Dare の活動の手ごたえとして自尊感情，自信をもつようになった子どもが多かったとしている。たとえば算数が苦手で学校ではなく i.Dare に在籍をきめた子どもが，算数の AI タブレットに没頭し「なんか俺，算数好きかも」と再び学校に通い始めるなどである。瀬戸氏によれば，算数ができるようになったからではなく，「今の自分のままでいい」ことがわかれば，その後は自分が居たい場所にいればよいとする，考え方を受け入れることの大切さを指摘している。

　また，ある子どもは小学 2 年生で不登校であったが，同じく学校に通い始めることにした。その子どもは理由として母親に「i.Dare は大変な場所。自由は大変なことがわかった。自分はもう少し誰かに決めてもらったほうがいい」と語ったそうだ。その子どもは 2 週間学校に通ったのち，i.Dare に再び

来たため，感想を聞いたところ「不自由のなかに不自由しかなかった。それなら自由のつらさのほうがいい」と答えたという。瀬戸氏はその子どもに「i.Dare が伝えたいことはすべて伝わってるから，もう来なくてもいい」と答えたと，冗談交じりに語った。これらに対して手ごたえを感じていたが，i.Dare の活動は開始ほどなくして 2020 年のコロナ禍に直面する。

5. 2. 8　コロナ禍を迎えて

　全国が一斉休校となるなか，i.Dare も全プログラムをオンライン化した。オンラインにはオンラインのよさがあるとしながらも，やはりさまざまな課題に直面した。その後 2020 年 7 月末まではオンラインを継続し，以降はオンライン・プログラム（3 週間）とオンサイトの対面のキャラバン（合宿）を定期的に行うハイブリッドに切り替えた。そのなかでは週 3 回のミートアップ（オンライン：チェックイン，ボディーワーク，オンライン・プログラム）と，月に 1 回の合宿（キャラバン）が含まれているという。オンラインのみであったときの教訓から，フリータイムに没頭している時間を尊重し，週 3 回 2 時間を，これまでの朝のおしゃべりや計画や報告に充てたという。またコロナ禍におけるロコモティブ・シンドロームへの対応として，プロのトレーナーが組んだボディーワークのプログラムを取り入れた。

　キャラバンでは，「衣食住を自らととのえ，余白を生み出し，計画を実行する」ことを掲げた。そのため 3 週間かけて自分たちで合宿の計画を立て，実際に 1 週間合宿に行くという流れをつくったという。合宿でやることは朝，昼，晩すべて自分たちでご飯を作り，掃除洗濯も行うことが基本にあった（それ以外は自由）。このハイブリッド方式により i.Dare のプログラムに全国から子どもたちが参加することが容易になっていった。北は秋田から南は沖縄まで，小学 2 年生から中学 3 年生までの多様な子どもたちが参加するようになったという。

5. 2. 9　「おとなと子どもが協創する学び」の場をめざして

　人が育つということを考えるならば，あらためて環境の捉え方を拡張する

必要がある。しかし環境は物理的なものに限定されるのではなく人も含まれる，と瀬戸氏は指摘する。子どもたちにとってはとくに，それは第1に保護者であるとしている。子どもの学習環境としてプログラムに参加しているときは，i.Dare がめざすマインドセットでいられる。しかしオンラインでのプログラム参加をやめた瞬間，普段の日常に戻されていく。そのギャップがかえって苦しみを生み出す可能性がある。このとき保護者の考え方が，オフラインに戻ってからも i.Dare のマインドセットに移行している必要がある。このため i.Dare では保護者へのプログラムの一環として，オンラインの保護者会，相談窓口を毎週実施しているという。孤立しがちなオンライン家庭学習の児童・生徒と保護者のケアをめざすとしている。このことはオンライン環境下でも i.Dare が個々の家庭と地続きになることが企図されている。

　本プログラムの手ごたえとして，コミュニケーション研究者の協力による調査でも保護者の子どもへの言葉がけや自由を担保する量，コミュニケーション量が増えているとしている。また自己肯定感，自尊感情について保護者も向上することが確認されたとしている。こうしたアプローチも良い環境づくりと位置づけている。

　こうしたオンラインの仕組みに大きく転換した理由として，コロナ禍だけにとどまらないものがあるという。i.Dare の理念としての「1 人ひとりが自己決定を重ねて作り上げていく自らの発育環境」を整え，「生きるを自由にする」ためには，教育機会がある程度持ち運べる，アクセスしやすくする必要があるという。瀬戸氏はそれを踏まえ，プレイス・ブランディングの観点から教育という文脈は外せないと指摘する。よそから教育を簡単に持ち運んでくることは困難である。このため，地方で固定的に i.Dare の教育機会を作り上げるには長い時間が必要となるとしている。

　一方で，オンライン環境下でも i.Dare の活動に保護者を積極的に巻き込む努力は続いている。その理由として，学校教育，公教育，私教育に横断的に学べる環境をつくれるのは，保護者であるからとしている。i.Dare に参加した子どもの保護者自身の周囲に，i.Dare と同じようなコンセプトをもった環境が広がっていくだけで，既存の教育システムに変容をもたらすことが期

待されるとしている。そのうえで「（他者から）決められたことをやる」ことと「（自律的に）自分で決めたことをやる」ことが社会のなかで共立することによって，教育一般にアクセスしやすくなる環境となると位置づける。このため，i.Dare は「教育一般へアクセスするためのハブ」であると瀬戸氏は語る。

5. 2. 10　人が育つ環境としてのプレイス・ブランディングへ

　i.Dare はフリースクールではないと瀬戸氏は言い切る。「どちらかというと塾みたいなもの」としている。人は自分の出生を選べない。生まれた瞬間から自分の人生を生き進めないといけない。そのくらい，「立ち止まることが許されない」と感じる瀬戸氏にとって，バスケット・ボールでいう「タイムアウト」のような，ちょっと止まる瞬間があってもいいのではないかとしている。自分の軸ではないものに押し流されたとき，少し立ち止まれる場所，いつでも無防備でいられる場所が必要ではないか。それも i.Dare を立ち上げた理由の１つであり，一見すると効率はあまりよくないかもしれない。

　i.Dare で行われていることはすぐに知識が身につくわけではなく，導入の部分の効率が人によっては著しく悪くみえるという。確かに，なにかをコツコツと積み上げていくとき，たとえば毎日算数のドリルを１枚ずつやっていくと数カ月後にはある程度の成果が期待される。しかしそのプロセスの最初に「自分で決めてやる」という自己決定がなされたか，漫然とやらされ続けたのかでは意味が違う。この自己決定を待つことが今の世の中では「効率がよくない」とされているようだ，と瀬戸氏は指摘する。瀬戸氏は効率を考えるとき，環境哲学者ティモシー・モートンの「効率は物事を整理する最高の方法というわけではない」という言葉が常に頭に浮かぶという。土台を育て，１人ひとりの芽が出ることのほうが重要ではないかと。

　瀬戸氏にとってプレイスとは，「人が育つ環境としてのプレイスである」と位置づけている。そのうえでプレイス・ブランディングにおいては，「その場に関わるすべての人が個々人の自由意志によって選択し，成長していくことが許される」状態となっていくことが重要であるとする。そこは誰かが

無理に提供する，よかれと思って提供する「場」ではないという。大人，子ども，高齢者も皆がその「場」に関わることで，誰にとっても発達・発育の余地が見いだされていくことが理想である。

　瀬戸氏は2021年春から活動の場を福岡県福津市に移すこととした。i.Dareの活動をより人口規模の大きい都市部で試してみたいという，ビジネスとしての考えがあった。福岡県福津市を選んだ理由は，「子どもが圧倒的に体験できる量」をとくに重視したためという。海にも山にも以前より容易にアクセスができる，また福岡や九州がもつ文化や歴史的コンテンツに魅せられたともいう。そうしたなかでこれまで培ってきた価値を伝えるために，二項対立をつくるのではなく，「これまで」と「これから」の両方を抱き込みながら，「わかりあえない」からスタートし話し合っていく「場」を中心につくっていきたいとしている。またどのような「場」であっても，「ひとりひとりに権利があります」「わたしの自由を大事に」「あなたの自由を大事に」「わたしたちの自由を大事に」というi.Dareの4つ原則は生き続けるとしている。

5.3　まとめ——価値創造につながる個の活動

　本章では個としてのアクターにより展開される多様な場づくりや価値創出活動が，どのように地域プラットフォーム構築とつながりをもっていくのかを考察してきた。いわゆる地域における「よそ者」を出発点とするアクターについて，M-GTAによる分析が行われた。そこではさまざまな葛藤のなかで，地域に対する自分という存在について，創造的に適応していく姿が描かれた。またケースにおいては同じく「よそ者」として出発したアクターが，教育を軸にさまざまな価値創造活動を展開する様が描かれた。

　これらを踏まえると個としてのアクターは，地域における活動のプロセスのなかでさまざまな人々との「交わりの場」を生み出している様子が窺える。「交わりの場」においては，相対的に小さな場であっても，地域内外の人々が関わりを深めていくなかで新たな価値が生み出されていく。個としてのア

クターはトリガーとなり，ミクロなレベルでの交流の接点の場そのものを生み出し，それを豊かにする努力を続ける。

　ケースからは，個としての活動であっても，センス・オブ・プレイスといった共有意識に関わる価値創造活動の萌芽がみられた点は興味深い。つまり個のアクターを起点とした「交わりの場」における多様な価値創造活動の集積が，地域プラットフォームとして駆動することで，それに関わる人々にとっての場の意味の生成と共有につながっていった可能性がある。このことは，たとえミクロなレベルであっても個々人が織りなす活動によって，プレイスへ影響するという点において，意味の生成が生じているともいえる。ここでは個としてのアクターによる活動が，小規模であっても地域プラットフォームというシステムに近づいているかが重要である。こうした見立ては個としてのアクターがどのようにプレイス・ブランディングに貢献していくのか，という点に重要な示唆を与えるだろう。

注

1　本ケースは日本マーケティング学会内「プレイス・ブランディング研究会」において開催された講演，「人が育つ環境としてのプレイスを考える──『これから』と『これまで』の闘争」（2021年2月開催）と，その後の瀬戸氏に対する取材に基づいている。ケース内で紹介される活動は2016年から2021年の範囲となる。

2　SOMAが展開する事業は，これからの時代の教育のあり方を模索する経済産業省の実証事業「未来の教室」に2年連続で採択されている。

3　瀬戸氏はアメリカの環境哲学者ティモシー・モートンの思想にある，「過去が未来を侵食している」問題点と，「効率化しようとしても絶対できないこと」の受容を自身の姿勢として重視しているという。

4　安藤（2011）による私教育（個人的に行っている教育：家庭教育，私塾，予備校，企業内教育等）の質を担保する役割としての公教育を引用している。

5　このため児童・生徒の発達段階や家庭・地域の学習環境に対し事前調査を実施し，「個々の自尊感情の醸成を重視し，自己理解に基づき自己実現を成し遂げる環境を自ら整えていける個の発達・発育を目指す」ともしている。またi.Dareの活動目的の1つは「文化資本の獲得」とも位置づけられている（瀬戸，2022）。

6　プログラムには学者，アーティスト，編集者，ミュージシャン，デザイナー，エンジニア，弁護士，医師，シェフ，起業家，プロ・コンディショニング・トレーナー，教員など，さまざまな背景をもったスタッフと外部講師が関わっていた。

【引用文献】

安藤忠彦（2011）．公教育と私教育――一般公教育論．『教育デザイン研究』2. 7-12.

Glaser, B. G. & Strauss, A. L.(1967). *The Discovery of Grounded Theory: Strategies for Qualitative Research*. Mill Valley, CA: Sociology Press. （後藤隆・大出春江・水野節夫訳（1996）『データ対話型理論の発見――調査からいかに理論をうみだすか』．新曜社.)

木下康仁（2003）．『グラウンデッド・セオリー・アプローチの実践――質的研究への誘い』．弘文堂.

木下康仁（2007）．修正版グラウンデッド・セオリー・アプローチ(M-GTA)の分析技法．『富山大学看護学会誌』6(2)，1-10.

木下康仁（2020）．『定本M-GTA――実践の理論化をめざす質的研究方法論』．医学書院.

國領二郎，プロモーションデザイン・ラボ編（2011）．『創発経営のプラットフォーム――協働の情報基盤づくり』．日本経済新聞出版社.

澁谷覚（2009）．マーケティング研究におけるケース・スタディの方法論．嶋口充輝監修，川又啓子・余田拓郎・黒岩健一郎編著『マーケティング科学の方法論』．白桃書房，111-139.

瀬戸昌宣（2022）．ひとが育つ環境を整える――学びの環境づくりの実践から問うもの．栗田匡相編著『エビデンスで紐解く地域の未来』．中央経済社，87-114.

髙橋広行（2014）．グラウンデッド・セオリー・アプローチによる神戸市の農水産物を通じた地域ブランド化．『流通科学大学論集 流通・経営編』27(1)，109-131.

徳山美津恵（2015）．地域連携型ブランド構築プロセスの検討――「日本で最も美しい村」連合の分析を通して．関西大学経済・政治研究所，東アジア経済・産業研究班編『東アジア経済・産業のダイナミクス』．関西大学出版部，193-213.

長尾雅信・山崎義広・八木敏昭（2018）．地域ブランド論における外部人材の受容の研究――中山間地におけるソーシャル・キャピタルの測定から．『マーケティングジャーナル』38(1)，92-107.

山崎義広（2016）．多主体協働による地域ブランド構築の研究――妙高市地域サポート人材を事例に．『現代社会文化研究』63. 37-53.

山崎義広（2021）．地域おこし協力隊の変容プロセス――M-GTAによる主体の動

態的把握の観点から. 『駿河台大学経済論集』 *31*(1), 51-69.

吉田満梨（2015）. ケースで学ぶケーススタディ・リサーチ——企業のマーケティング行動. 佐藤善信監修, 髙橋広行・徳山美津恵・吉田満梨『ケースで学ぶケーススタディ』. 同文舘出版, 129-145.

第6章

地域プラットフォームの
ライフサイクル・モデル

──産官学連携体・岩手ネットワークシステム（INS）の挑戦──

ここまで確認してきたように，地域プラットフォームにはさまざまな形態があり，参加するアクターも多様である。近年は産官学連携による地域プラットフォームも活況を呈しており，アクターが交流を重ねながら地域社会の価値生成や課題解決に取り組んでいる。本章ではコラボレーションのライフサイクルを視座にして，産官学連携による地域プラットフォームの内実を読み解いていく。

6.1 産官学連携におけるコラボレーションの論点

　産官学連携は大学の工学部を中心とした技術移転型が主流であったものの，2020年代現在では地域価値の創出に向けた連携にまで広がりをみせている。一方でプラットフォームによっては，国の補助金を受けて設立されたものも少なくなく，設立の背景からステークホルダー間の調整に時間がかかり，形骸化してしまいかねない。国の補助金交付条件に合わせた形式的な制度づくりが行き過ぎれば，プラットフォームが志向する創発的な価値創出にはほど遠くなろう。これに対し先行研究では，新しい価値を共同で作り出す，すなわちコラボレーションの蓄積がその成功の要と位置づけている。

　それを受けて第2章ではコラボレーション理論を概観した。当初，同理論ではコラボレーションの立ち上げに焦点を当てていたものの，近時はその経時的変化を捉え，成果に至るまでのプロセスとその促進要因の探究へと至っている。一方でそれらは，コラボレーションを1回限りか永遠に続くものと捉えていた。しかしコラボレーションに携わった経験をもつ人は，それが継続するなかで衰微もしくは再活性化することを知っている。そのことを念頭にコラボレーションのライフサイクルに焦点を置く研究も生まれている。

　本章ではあらためてコラボレーションのライフサイクルの内実を振り返りながら，それをフレームワークとして日本における産官学連携の代表的存在である岩手ネットワークシステム（以下，INS）を事例に，コラボレーションのライフサイクルの分析を進めていく。

6.2 コラボレーションにおけるライフサイクルの視点

　近年，コラボレーション理論ではそのライフサイクルに焦点を当てた研究が生まれている。Williams, Merriman, & Morris（2016）は組織論の見地に立ちながら，Downs（1967）のライフサイクル・モデルを参考に，コラボレーションのライフサイクル・モデルを提示している。そこではコラボレーシ

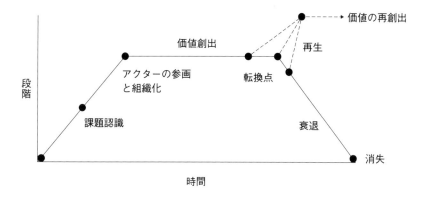

図6.1　コラボレーションのライフサイクル・モデル
出所）　Williams, Merriman, & Morris（2016）p. 181をもとに作成。

ョンのプロセスを，課題認識の段階，さまざまなアクターの参画と組織化の
段階，価値創出の段階，転換点，衰退の段階，消失と6つの段階にわけてい
る（図6.1）。第1の段階「課題認識」は複数のアクターが課題を認識し，比
較的小規模なコラボレーションを開始する。第2の段階「アクターの参画と
組織化」ではコラボレーションが発展し，参画するアクターが拡充していく
ようになる。第3の段階「価値創出」では当初の課題に対する成果が期待さ
れるものの，コミュニケーション，学習，意思決定，安定性の管理など複雑
な側面をもつようになる。この段階のコラボレーションの状態によって，そ
の後の方向性が定まるという。その転換点においては，コラボレーションが
再生し価値の再創出へと至ることもあれば，衰退期を迎えることもあるとさ
れる。

　Williams, Merriman, & Morris（2016）のライフサイクル・モデルは，時
間の経過によるコラボレーションの変容に着目し，その構造化を試みた。彼
らは Downs（1967）によるライフサイクル・モデルが生物との類似性をもっ
ており，注目に値するとした。一方でそのライフサイクルは直線的でなく，
同じ段階を繰り返しうることを指摘した。とくにコラボレーションが転換点
を迎えた際，再生することもあれば，衰退していくこともあるとしており，

その指摘は興味深い。

　コラボレーションにおいて，転換点は中心的なアクターを失う，活用している資源を喪失するなど，さまざまな危機を迎えた際に生まれるものであるとされる。これに対し各参加アクターがコラボレーションそのものを見直し，現状からの再出発を志向していく様は，状況をリサイクルしていくようなものであると指摘する。もちろん転換点を迎える以前の段階で，コラボレーションそのものが瓦解する場合もあるとする（Williams, Merriman, & Morris, 2016）。

　しかしながら，こうしたコラボレーションが装いを新たにし，再生していく様相の詳細について Williams, Merriman, & Morris は明示していない。これらを受けて次節では，コラボレーションのライフサイクルを捉えるための視座と研究手法について考察する。

6. 3　地域プラットフォームを捉えるための視座と研究手法

　本章では，プラットフォームにおけるコラボレーションのライフサイクルのなかで，とくに転換点と伝播に着目する。プラットフォームにおけるコラボレーションの構造や機能については，多くの先行研究が存在する。他方，コラボレーションの再生や衰退を左右する転換点に注目した研究は，きわめて少ない（Williams, Merriman, & Morris, 2016）。さらに，コラボレーションの伝播についても分析が望まれる。

　そのために，本章ではケーススタディ・リサーチを行う。O' Mahoney（2007）によれば，コラボレーションに参加するアクターの公式および非公式の実践により，量的アプローチでは組織内外にイノベーションが広まるプロセスは測定困難とされるため，ケース・スタディが有効であるという。これを踏まえ地域プラットフォームにおけるコラボレーションのライフサイクルの転換点とそのプロセスを把握するためには，フィールド・リサーチとプラットフォームに関係する中心的人物へのインタビューをもとにした研究法が適していると判断できる。

　本章は研究事例として，岩手県に存在する産官学民連携のプラットフォームである INS を扱う。その理由としては，まず産官学民連携の代表的存在である点が挙げられる。そこでは多様なアクターによる社会的つながりを軸とし，産官学連携の代表としての社会的評価（例として 2003 年の経済産業大臣賞受賞など），数々のプロジェクトの実施，助成金の獲得の実績などがある（遠藤，2012，pp. 120-122）。次に 1992 年の設立から約 30 年が経ち，プラットフォームとして成熟期を迎えており，一連のライフサイクルと転換点などを把握するうえで適切であると判断したためである。

　さらに，本章は地域プラットフォーム内でのコラボレーションを動態的に把握することを目的としている。先述したように地域プラットフォームの中長期的発展の経緯について，外的な成果とアクター同士の相互作用を織り交ぜながら検証する必要がある。とくにライフサイクルの各段階を分析の要素として扱うことは，事例研究の課題設定として有効であるとされる（澁谷，2009；Yin，1994/ 邦訳 2011；野村，2017）。

　本章では，このように単一事例を分析するうえで INS を産官学民連携の事例として選定した。理論的検討をもとに，分析要素として各ライフサイクル段階を扱った。そのうえで「INS におけるコラボレーションが，とくに転換点においてどのように変容していったのか」といった点を分析上の問いとした。

　これらを踏まえ，プラットフォーム形成における中核人物を中心に半構造化インタビューを実施した。またインタビュー・データを基本としながら二次情報も活用した調査を行った。なお調査は 2019 年 4 月から 2021 年 8 月にかけて，フィールドワークによりなされた。

6. 4　岩手県の産官学連携のケース・スタディ
──岩手ネットワークシステム

6. 4. 1　INSとは
　INS は，岩手県において工学分野からスタートした産官学民連携のプラッ

トフォームである。後述するように，自発的な異業種交流会の色彩が強い。年会費 2000 円の個人会員が中心であり，総会員数は産関係者 347 名・団体，学関係者 150 名・団体，官関係者 215 名・団体の合計 712 名・団体（2020 年 12 月 25 日現在）である。

　INS はそのウェブサイトによると，「いつも飲んで騒ぐ会？ → 人と人との交流が目的です。いつかノーベル賞をさらう会？ → 飲むだけではありません。まじめにいい仕事もします。」と紹介されている。これに加え「岩手県内の科学技術および研究開発に関わる産官学民の人々の交流の場です。そこから，次世代に向けた岩手の科学技術と産業の振興をはかりたいのです。」と組織のミッション，ビジョンが記されている。

　具体的な活動としては，科学技術および研究開発に関する知識の修得と普及に始まり，産官学民にまたがる共同研究の企画・実施，人的交流や各種イベントの開催など多岐にわたる。

6. 4. 2　INSのライフサイクル

⑴　「課題認識」から「アクターの参画と組織化」へ

　INS の関係者によると「INS は岩大の 3 人（斎藤徳美氏，岩渕明氏，清水健司氏）と県庁の 3 人（相澤徹氏，鈴木功氏，古澤眞作氏）が始まりだ」としている。1987 年頃，岩手大学工学部の若手教員，県庁の商工労働部や企画調整部の若手職員，企業の若手経営者らが場末の居酒屋で愚痴を語り合う「岩手の夢を語る会」が開催された（小野寺，2011）。そこでは若手研究者たちのさまざまな課題が共有されていった。たとえば，地方の国立大学が直面していた研究費確保の問題，地域企業も含めた自由な研究交流やネットワークを育むための場の必要性が挙げられた（清水，1996；野崎，2008）。こうした大学内の動きに対し，官では国の施設（スプリング 8）の誘致失敗で，自治体職員の科学技術知識の向上の必要性を感じていた（遠藤，2012, p. 111；西澤，2019）。

　田柳（2003）によると，最初のおよそ 2 年間は，産官学それぞれ 10 名ずつくらいのメンバーが集まって，年 2 回ほど外部講師を呼んでの勉強会・セ

ミナーなどを行っていたという。当初は既存のフォーマルな組織から疎まれていた向きもあったが，徐々にアクターが参画していった。その後，1992年3月14日に設立総会が開かれ，INS は正式に産声をあげた。会長に中村儀郎氏（当時，岩手大学名誉教授。故人），運営委員長に岩渕氏，事務局長に清水氏が選任され，発足式には70名ほどが集ったという。

　1980年代後半，日本政府は多極分散型国土の構築を目標に掲げ，地方活性化の各種施策が数多く行われた時期である。国立大学では民間との共同研究の「場」として，地域共同研究センターの整備が促された。岩手県の産官学のアクターは自分たちの力を出し切れないもどかしさを感じており，それが INS 拡大の原動力の1つになったとの指摘もある（遠藤，2012，pp. 110-115）。岩手大学工学部では，INS のメンバーでもある森邦夫氏（現・岩手大学名誉教授），岩渕氏らが中心となり，地域共同研究センターの設置を求める声が上がりつつあった（田柳，2003）。また1986年に産学連携のコーディネート機能を担う「岩手県高度技術振興協会」（テクノポリス財団）が設立され，産官学連携の環境が整ってきた。

(2)　価値創出期──成果の獲得

　1993年，岩手大学における産学連携支援機関である「地域共同研究センター」が設置された。年を同じくして岩手県庁でも，県内における科学技術の振興の促進を担う組織「科学技術振興室」（当時）が設置された。これにより，対外的に各セクター間で職務に基づく機動的連携が促進され，大学と県は地域技術振興に向けて，国の大型プロジェクトを続けざまに獲得していった。1993年に旧・科学技術庁の生活地域流動研究，96年に同・地域先導研究，98年に新エネルギー・産業技術総合開発機構（NEDO）の地域コンソーシアム事業，99年に地域結集型共同研究事業など，年間億単位で複数年の大型プロジェクトを獲得したのである（田柳，2003）。インタビュー結果からも，少なくない会員がこれを INS の成果と評価している。

　INS の活動が活性化していくと，産業界側では「相談を持ち掛けたら，大学の先生が親身に対応してくれる」と大学の敷居が低くなったことを実感し

たという。大学側は「INS に入ると科研費が取りやすくなる」との認識が学内に広まった。行政側では「INS での活動で，関係者間の調整ができてしまう」と施策設計がしやすくなるというメリットが認識されていった。

　発足当初は官からの参加者の割合が低かったものの，さまざまな価値が生み出されるなかで官の比率は増していった。2002 年 1 月，アルプス電気（現・アルプスアルパイン）の盛岡工場閉鎖が決定し，5 月に工場が閉鎖された。多くの社員は退職を選ばざるをえなかったが，その時期に，INS 起業化研究会がベンチャー支援施策説明会を開催し，元アルプス電気社員の起業を促した。これも人のつながりを大切にする INS の活動の 1 つに挙げられる。

　INS は 2003 年に第 1 回産学官連携功労者表彰を受け，2007 年には岩手大学が，日本経済新聞社による産学連携貢献大学のトップランクに位置づけられ，外部から高い評価を受けるようになる。会員数も設立当時の 1992 年度に 202 名（うち，産：101 名，官：34 名，学：67 名）であったが，2010 年度には 1145 名（うち，産：571 名，官：341 名，学：233 名）まで拡大していった（佐藤，2015）。

(3)　価値創出期——伝播

　INS の活動が注目を集め，上述のとおり人的交流による信頼の醸成に基づいた，新規事業や予算獲得といった数々の成果をあげるなかで，産官学連携の動きは岩手県内外に伝播していく。岩手大学では農学部や教育学部など他学部でも産官学連携が取り組まれるようになった。INS に関わった地元関係者のなかで，「INS の北上版をつくる」という機運が醸成され，2000 年 3 月，INS の支援のもと，法人約 60 社，個人約 10 名の参加を得て，岩手県北上市に「北上ネットワーク・フォーラム」（K.N.F.）が設立された（谷藤，2001）。

　県外への波及として，1998 年に首都圏産業活性化協会（TAMA 協会），2001 年に北海道中小企業家同友会産官学連携研究会（HoPE）と NPO 法人北関東産学官連携研究会，そして 2003 年に関西ネットワークシステム（KNS）と 2005 年頃までに数多くの産官学連携体の設立が相次いだ。この動きは 2010 年代を迎えても続き，2012 年設立の土佐まるごと社中（TMS）な

ど全国的な波及が続いた（吉田，2017）（KNS と TMS については第 7 章参照）。こうした動きには，INS がなした産業創成や科学技術の振興などの成功をそれぞれの地域で再現しよう，という期待があったことが予想される。それ以上に，INS の神髄ともいえる「所属先の垣根を越えた交流のあり様」に魅せられた人々が，同じように人と人の関係性を育む場の生成を求めた可能性がある。こういった INS を範としたプラットフォームの広がりも，INS が評価されたためであり，INS による成果といえよう。一方で INS の運営を担ってきた幾人かのメンバーは，「活動に疲れた頃に評価され始めた」と当時を振り返り語った。

(4) 転 換 点

　産官学連携の雄と称えられた INS も 10 年ほど前から転換点を迎えている。INS の設立メンバーも齢を重ね，フォーマルな組織において重要なポストに就任してきた。平山氏が 1998 年 4 月に工学部長，2002 年 6 月から学長，斎藤氏が 2004 年 3 月に理事・副学長に就任した。また岩渕氏も 2010 年 6 月に理事・副学長，15 年 3 月に学長に就任した。かつて INS 事務局長であった小川智氏も，2020 年 4 月から岩渕氏の後を継ぎ学長に就任した。大学および県庁にて INS をリードしてきたメンバーは，反乱分子から意思決定の責任者へと立場が変化した。それに伴って，事務局も次の世代へと引き継がれていった。

　INS やそれを構成する研究会の多くは，大学の教員が中心となっており，異動のある自治体職員や大企業の従業員と異なり，事業の継続性が見込める。講座制の理系学部であれば，講座の担当教員が変わっても，それを引き継いだ教員が同様の活動を続けていく。INS の運営もこの要領で進められてきた。

　INS ホームページに挙がっている 47 の研究会のうち INS 発足後 5 年以内に設立された研究会数は 10 を数え，設立当初と現在では研究会代表者も変わっている。たとえば，INS 正式発足の前の 1991 年 3 月に設立した「トライボロジー研究会」は，発足当初は岩手大学工学部機械システム工学科（当時）の助教授であった岩渕氏が代表を務めていたが，その後同じ大学の研究

室の清水友治氏に会の代表が引き継がれている。また，INS 発足時の研究会の１つである岩手大学工学部応用分子化学科（当時）の清水健司氏が代表を務めていた CO_2 研究会は，同じ学科の梅津芳生氏に代表が変更されたのち，解散している。このようになくなってしまった研究会がある一方，慣性で続いている研究会も存在する。これらがコラボレーションの動きを停滞させる要因となっているかもしれない。

　INS の成果の１つである地域共同研究センターの色合いも変容してきた。当初は INS の主要メンバーがセンター長を務めたものの，文部科学省の補助金を受けた時期から，同センターはフォーマルな組織として明確になった（遠藤，2012，p. 139）。

　技術相談業務は岩手大学研究支援・産学連携センターに移り，企業は INS に入会しなくても，直接，大学に相談できるようになった。市町村との連携事業は，相互友好協力協定締結自治体４市（釜石市，盛岡市，奥州市，八幡平市）と共同研究を行う形で進められている。岩手大学研究支援・産学連携センターに市職員を共同研究員として受け入れ，彼らが中心となって大学と市町村との連携事業などを行っている。「ある程度の連携ができてしまうと，INS として動く必要がなくなり，場合によって大学側で産学連携をしっかりやるようになってきた」。ある運営メンバーは現状についてこう語った。これまで INS が担ってきた役割や評価は公的な組織に移り，INS に残る役割は従来領域で減ってしまうことは当然のことであった。

　INS 関係者らへのインタビューによれば「INS は 2000 年から 2005 年がピークで，2010 年くらいからだんだん衰退している」，「今は衰退期」との声が聞かれた。各研究会の所属メンバーもメインが 50 代となり，30 代以下の若手の参加が見込めない状況にあるという。会員数も減少傾向にあり，とくに企業からの参加者は著しく減っている。INS の事務局は，新しいつながりの構築や刺激的な話題提供が従前よりもなされていないためではないかと分析する。

　このように，INS は転換点から衰退期に差し掛かっていることが窺える。INS の活動を担ってきた中心的なアクターは，INS に所属してはいるものの

立場上，公的組織の運営に注力しなければならない。運営は次世代に引き継がれたものの，INS が担ってきた役割は別組織に移ったため，一部，活動の形骸化も進んでいる。

　かたや「価値の再創出」に向けた動きも見受けられる。INS の現状に危機感を覚えた面々により，2019 年 5 月「INS を研究する研究会」が立ち上がった。研究会は創業世代より数世代後のメンバーによって構成されているため，同会ではまず当時の中心的なメンバーや INS の活動に直接・間接に携わった人に講演してもらい，INS 誕生から発展の過程の共有に努めている。それを経て INS の価値，INS の使い方などを考える活動を行っている。

　同研究会を運営する冨手氏は次のように語る。「INS は外から評価されていて，評価されている状態を続けていったほうが自分たちにとってメリットがある。自分は INS に何もしてこなくて，補助金獲得などでその名前だけ使ってきた。これから盛り上げようにも，盛り上げ方がわからず，研究会を立ち上げた」。

　過去を調べるにつれ，創業世代も 10 年くらい前から「最近の INS はもうあまり盛り上がってない」と危惧し，セミナーやワークショップを開催して隆盛に努めようとしていたことがわかったという。それを受けた次世代も「先輩たちがつくった形を崩さないようにしながら一生懸命やってきた」ものの，それが定型化につながり参加者にとって知的刺激に欠けた内容になり，現状の停滞感に至ったのではないかと考えていた。

　「10 年前からやっているけど，10 年間あんまり変わってないんだな」。冨手氏はこれまでの経過を振り返りこう語った。ただそれによって現状の課題がわかり，今後のコラボレーション展開の方向性についてイメージを描きつつあるという。

6.4.3　INSの現状

　ここまでインタビューに基づいて，INS のコラボレーションのライフサイクルの様相を記してきた。さらに転換点における INS の会員の意識と内実を把握するために，「INS を研究する研究会」の協力のもとアンケート調査

および関係者へのインタビューを行った。

(1)　アンケート調査の結果

　アンケート・データは INS 会員に向け 2020 年 5 月末から 7 月上旬にかけて，ウェブを通じて収集した。質問事項は INS 入会のきっかけや現在の活動状況，満足度，今後の期待，愛着等について聞いた。なお愛着に関しては，Taylor (1996) による場への愛着の概念に基づいて質問項目を作成し，データを収集した。対象の INS 会員メーリング・リスト登録者 471 名に対し，有効回答率は 17.3％（82 名）であった。このアンケート調査結果から INS の活動状況を把握するとともに，活動の満足感に至る要因を重回帰分析によって確認した。

　アンケートの結果をみると，専門的な活動で多くの事業を獲得したり，大学発のベンチャーの礎になったりした研究会の多くは活発に活動している。しかし，まったく活動していない研究会もあり，先に述べたコラボレーションの広がりの停滞が窺える。また，回答者の 4 割が研究会に入っておらず，INS への入会に目に見える成果を求めているものではないことが推測される。INS 参加への期待についての設問について，交流・ネットワークづくりが半数，情報収集と産官学連携による成果がいずれもおよそ 3 分の 1 という結果になったことをみても，INS への主たる期待は交流・ネットワークの場の提供であることからも明らかであろう。

　INS に参加しての手ごたえについては，交流・ネットワークづくりが回答者の約半数，情報収集がおよそ 4 分の 1，産官学連携による成果が 2 割となっていて，おおむね期待どおりだったものの手ごたえを感じていないとの回答も 2 割を占めた。福嶋 (1999) は，INS を「裏組織」と表現しており，人の連携を担い，それを会員の所属する「表組織」で活かすという組織構造からいって，INS での目に見えた成果・実感はわかりにくいとしている。

(2)　満足感の分析

　また回答者の 6 割が INS に満足感を感じている。この満足感は INS のメ

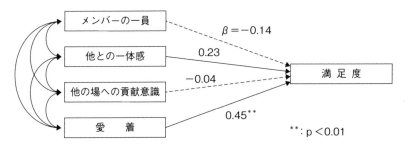

図6.2　満足度についての重回帰分析結果

ンバーの一員と感じること，他の場への貢献意識および INS への愛着と関
係していることを窺わせるが，多変量解析によってその関係性を把握してい
こう。なお，回答のまとめは章末の付表に記載している。

「自分が INS のメンバーの一員であると感じているか」（メンバーの一員），
「どの程度 INS の他のメンバーとの一体感を感じているか」（他との一体感），
「INS のメンバーとして，他の INS のような場やネットワークにも貢献した
いと思うか」（他の場への貢献意識），「INS にどの程度，愛着を感じているか」
（愛着）を説明変数とし，「どの程度 INS に満足感をいだいているか」（満足
感）を従属変数とし，重回帰分析を行った。

　その結果，このモデルの自由度調整済決定係数（R^2）は 0.334 であり説明
力はやや弱いものの，モデル式自体は 1% 水準で統計的に有意であった。標
準偏回帰係数（β）をみると，「愛着」のみ 1% 水準で有意となった。これは，
満足感は INS での研究会や交流会などの実際の活動や，ボランタリーな意
識とは関係性が低く，今までの 30 年を超す活動で培ってきた INS への愛着
が満足感に大きく関係している。愛着は，これからも長くこの活動が続くた
めの重要なファクターであろう。

⑶　INS への期待と手ごたえの分析

　また自由回答においては「当初どのようなことを期待して INS に参加し
たか」，「INS に参加してどのような手ごたえを得られたと感じたか」などの

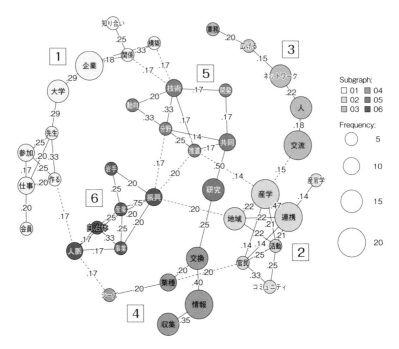

図6.3　INSへの当初の期待の共起ネットワーク

質問項目を設けた。結果については，テキスト・マイニング・ソフト（KH
Coder Ver. 3）（樋口，2020）を用いて共起ネットワーク分析を行った。

　INSへの当初の期待について，その回答内容をテキスト形式にデータ化し，
前処理を実行して文章の単純集計を行った結果，82の段落，171の文が確認
された。また，総抽出語数（分析対象ファイルに含まれているすべての語の延
べ数）は795，異なり語数は236であった。さらに助詞や助動詞など，どの
ような文章にでもあらわれる一般的な語や人名などが除外され，分析に使用
される語として449（異なり語数170）が抽出された。最小文書数を2とし，
最小文書数を1，集計単位を文として共起ネットワークのサブグラフ（mod-
ularity）を作成した（図6.3）。なお，図中の係数はJaccard係数であり，語
と語の関連性（共起性）の強さを表す指標である。描画されている語数

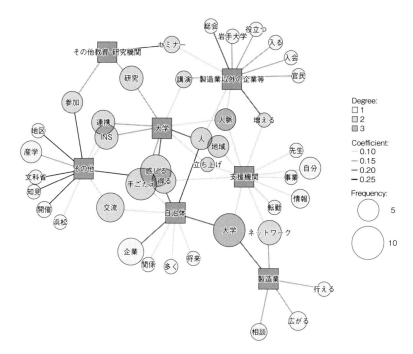

図6.4　INSへの手ごたえと所属区分

（node）は 40，共起関係の数（edge ＝ 線）は 65，密度（density）は 0.83 であった。Min. Jaccard 係数は 0.143 であった。

　その結果，6つのサブグラフが構成された。構成キーワードに基づく各サブグラフの主な特徴として，サブグラフ 1 は企業との関係づくり，サブグラフ 2 は地域と産学連携，サブグラフ 3 は人とネットワーク，サブグラフ 4 は情報交換，サブグラフ 5 は共同研究推進，サブグラフ 6 は事業・産業振興のまとまりがそれぞれみられた。

　サブグラフ 4 は情報交換としての場の役割への期待である。参加者は INS という場に対して，業種を越えた情報交換により企業と大学における研究シーズのすりあわせや，共同研究への発展などが期待されていたようである。そうした場を通じて，技術や最新動向を知ることも期待されている。

また共起ネットワーク図を俯瞰すると，岩手県内における産官学の人脈をつなげていくことで，地域振興へ発展していくことの期待も窺える。このことは当初，「大学の敷居が高い」と感じられていることに危機感をもったINSの創立者たちの課題意識に対応した結果であろう。このようにINSへの当初の期待は，まず産学交流による人を軸としたネットワークを広げるための場であり，企業と大学の関係性と技術交流の構築へと発展していくことが期待されていた様子が窺える。

　INSへ参加することによる手ごたえと，回答者の所属区分について分析を行った結果が，図6.4である[1]。

　製造業からの参加者においては，ネットワークの広がりや大学への技術相談などを評価する傾向にある。製造業以外の企業からの参加者においても，人脈づくりの貢献や産官学のフラットな関係性を評価する声が上がっている。

　自治体からの参加者では，人とのつながりに手ごたえを感じている。これは組織同士の顔の見えないつながりではなく，各個人を認識できることで相談や連携が取りやすいことを示唆するものと考えられる。また，大学と企業のつながりができることで，産学連携が進み，地域の産業力が向上することに手ごたえを感じていることが窺える。

　大学からの参加者は，地域企業との親交や将来的な産学連携の可能性に手ごたえをもってきたことが窺える。ただし，一部の参加者からは手ごたえを感じていないなどの声も上がっている。これは産官学連携の分野が特定されているか，プラットフォームとしてのピークがすぎていると考えられる。

　その他研究・教育機関からの参加者は，INSで開催されるセミナーにより，知見やアイディアを得られることを評価している。研究会を通じて産学連携が進んだことも手ごたえを感じているようである。

6.5　ま と め
——INSにおけるコラボレーションのライフサイクル・モデル

　本章ではINSの構想から現在に至るまでのプロセスをたどることによって，

そのコラボレーションのライフサイクルの把握を試みた。Williams, Merri-man, & Morris（2016）のいう「課題認識」から「アクター参画と組織化」は，岩手大学の研究者を中心とした中核アクターによる「場の必要性」と「大学の敷居の高さ」という認識が共有化され，それら中核アクターたちによるINS という産官学連携プラットフォームが形成された過程が当てはまる。INS は数多くの産官学協働による事業創出を実現し（遠藤，2012，pp. 80-101），これを期待するアクターがさらに参画するという好循環を生み出すに至った過程が「価値創出」になろう。

　この頃，INS が理念とする〈場の共有・交流〉を核とした新たなプラットフォームが全国に誕生するという「価値の再創出」が起こっていた。しかし近年は会員数の減少や活動の停滞がみられ，「転換点」から「衰退」に差し掛かっているのではなかろうか。西澤（2019）は，INS が岩手県における産官学連携組織として公式化し，個人ネットワークから組織間連携へという制度化が図られたことが活動停滞の要因だと指摘する。昨今，新型コロナウイルスの蔓延により「人と人との対面での交流」の機会が大きく制限されることで，活動そのものに大きな制約がかかることになった。このことは交流の場を核とするプラットフォームにとり，大きな打撃となったといえよう。

　アンケート結果からは，INS の理念でもある人と人とのつながりを基軸とした交流・ネットワークづくりに多くの会員が共感しており，長年の活動からINS への愛着が生まれ，30 年以上も活動が続いてきた様子が窺える。

　岩手のさまざまなアクターのコラボレーションにより形成される地域プラットフォームとして INS は，地域社会の価値生成や課題解決を果たしてきた。そして類似した地域プラットフォームが全国に広まっていった。そこで次章では，その広がりに焦点を当てていく。

注

1　INSにかかる会員の手ごたえについて，その回答内容をテキスト形式にデータ化し，前処理を実行して文章の単純集計を行った結果，82 の段落，108 の文が確認された。また，総抽出語数（分析対象ファイルに含まれているすべての語の延べ数）は1161，異なり語数は 474 であった。さらに助詞や助動詞など，どのような文章にでもあらわ

れる一般的な語や手ごたえを感じた時期に関わる語句（平成，H 20 等）を除外し，異業種，立ち上げ，ペーペー，文科省などの重要語句を強制抽出したところ，分析に使用される語として 366（異なり語数 248）が抽出された。最小文書数を 2 とし，最小文書数を 1，集計単位を文として共起ネットワークのサブグラフ（modularity）を作成した。以上の手続きの後，共起ネットワークで分析を行った。描画されている語数（node）は 48，共起関係の数（edge=線）は 67，密度（density）は 0.59 であった。Min. Jaccard 係数は 0.2 であった。この共起ネットワークにおいて，語と外部変数・見出しの関係を描いた。

【引用文献】

Downs, A.（1967）．*Inside Bureaucracy*. Boston: Little Brown.

遠藤憲子（2012）．産官学連携ネットワークと地域再生．東北大学大学院経済学研究科博士論文．

福嶋路（1999）．明日を拓く戦略(5) 地域中小企業による産学連携の活用．『月刊中小企業』*51*(10)，24–31．

樋口耕一（2020）．『社会調査のための計量テキスト分析──内容分析の継承と発展を目指して 第 2 版』．ナカニシヤ出版．

岩手ネットワークシステム．岩手ネットワークシステム・ホームページ（http://web.cc.iwate-u.ac.jp/~ins/　最終アクセス 2022 年 2 月 20 日）

西澤昭夫（2019）．Entrepreneurial Ecosystem 構築の陥穽──INS：制度化への蹉跌(研究グループ ベンチャーの創造と国際的企業家育成研究グループ)．『経営力創成研究』*15*，59–74．

野村康（2017）．『社会科学の考え方──認識論，リサーチ・デザイン，手法』．名古屋大学出版会．

野崎道哉（2008）．岩手県の産学連携の現状と課題──INS（岩手ネットワークシステム）の活動を中心に．『弘前大学大学院地域社会研究科年報』*5*，3–17．

O'Mahoney, J.（2007）．The diffusion of management innovations: The possibilities and limitations of memetics. *Journal of Management Studies, 44*(8)，1324–1348．

小野寺純治（2011）．岩手ネットワークシステム（INS）の活動と岩手モデルの波及．関西ネットワークシステム編『現場発！ 産学官民連携の地域力』．学芸出版社，43–52．

佐藤暢（2015）．社会技術としての産学官連携コーディネーションのあり方．高知工科大学大学院工学研究科博士論文．

澁谷覚（2009）．マーケティング研究におけるケース・スタディの方法論．嶋口

充輝監修，川又啓子・余田拓郎・黒岩健一郎編著『マーケティング科学の方法論』．白桃書房，119-139.

清水健司（1996）．岩手ネットワークシステム（INS）の活動について──講演/平成 8 年度第 1 回テクノポリス開発機構連絡会議から．『産業立地』35(7)，43-47.

谷藤邦基（2001）．本県における産学官連携の現状と展望．『岩手経済研究』2001年11月号，16-31.

田柳恵美子（2003）．産官学連携とリエゾン戦略──地域イノベーション政策におけるセクター超越型組織の政策過程．法政大学 2002 年度修士論文改訂版.

Taylor, R. B.（1996）. Neighborhood responses to disorder and local attachment: The systemic model of attachment, social disorganization, and neighborhood use value. *Sociological Forum*, *11*(1), 41-74.

Williams, M. C., Merriman, C., & Morris, C. J.（2016）. A life-cycle model of collaboration. In Morris, C. J. & Miller-Stevens, K.(eds.) *Advancing Collaboration Theory: Models, Typologies, and Evidence*. New York: Routledge, 175-196.

Yin, R. K.（1994）. *Case Study Research: Design and Methods*, second edition. Thousand Oaks, CA: SAGE Publication.（近藤公彦訳（2011）．『新装版 ケース・スタディの方法 第 2 版』．千倉書房.）

吉田雅彦（2017）．中小企業の産学官連携によるイノベーションとその支援についての考察──神奈川県と宮崎県の事例から．『専修経済学論集』52(1)，25-38.

（付表）　INSアンケート結果

設　問	回　答　結　果
男女比	男性_91%　女性_9%
年齢構成	30代_4%　40代_23%　50代_34%　60代_32%　70代_7%
参加歴	0～2年未満_6%　2～5年_8%　5～10年_15%　10～15年_22% 15～20年_33%　設立当初（1992年）から_16%
所属区分	産業界_20%（製造業_14%，その他_6%） 行政等_40%（自治体_28%，支援機関_12%） 大学等_29%（大学_28%，その他_1%）　その他_11%
参加区分	INS会員でありINS研究会員_61% INS会員であるがINS研究会員でない_39%
昨年参加した 行事	INS総会・講演会・交流会_61%　INS冬季講演会・交流会_18% INS夏季講演会_15%　INSゴルフコンペ_5%
昨年度最も多 く参加した研 究会	いわて金型研究会，いわてコーディネート研究会，環境リサイクル研究会，地方創生研究会，地元食研究会，起業化研究会，緑の研究会，グローバル産業戦略研究会，INSを研究する研究会，など
所属する研究 会数	なし_39%　1つ_41%　2つ_12%　3つ_4%　4つ_2%　5つ_1%
所属する研究 会の開催状況	年数回開催している_78%　　　毎月1回以上開催している_8% 年1回開催している_8%　　　昨年度は開催していない_6%
所属する研究 会の参加状況	毎回開催している_42%　　　半分程度参加している_30% 半分以下参加している_17%　参加していない_11%
INSに参加した きっかけ	岩手大学等の先生の紹介_51%　大学以外の知人からの紹介_24% INS本体や研究会主催の事業を偶然知って9%　その他_16%
INS参加の当初 の期待	（自由回答のカテゴライズ結果・回答者比率・複数回答） 交流・ネットワーク作り_50%　　情報収集_35% 産官学連携による成果_33%　　その他_5%
INSへの満足感	とても満足している_15%　まあ満足している_45% どちらでもない_30%　　　少々不満である_9% とても不満である_1%
自身のINSメン バー一員感	強く感じている_17%　まあ感じている_45% どちらでもない_30%　あまり感じていない_9% 全く感じていない_1%
INS他のメンバ ーとの一員感	強く感じている_11%　まあ感じている_44% どちらでもない_19%　あまり感じていない_21% 全く感じていない_5%
他のネットワー クにも貢献 したい	強く思う_17%　　　　まあまあ思う_39% どちらでもない_29%　あまり思わない_9% 全く思わない_1%

INSに 愛着を 感じる	強く感じる_17%　　　　　　まあまあ感じる_45% どちらでもない_30%　　　あまり感じない_9% 全く感じない_1%
INSに 参加しての 手ごたえ	（自由回答のカテゴライズ結果・回答者比率・複数回答） 交流・ネットワーク作り_48%　　情報収集_24% 産官学連携による成果_20%　　　手ごたえを感じていない_20% その他_5%
INSに企画して ほしい事業	岩手県の活性化，若手の参加できる事業，講演・交流会，Withコロナ, Afterコロナ関連　　など
INSは 今後どのよう な場になって 欲しいか	（自由回答のカテゴライズ結果・回答者比率・複数回答） 交流・ネットワーク作りの場_48%　　　　　情報収集の場_9% 産官学連携による成果を得る場_18%　　　　このままでいい_9% その他_20%
INS以外の組織 への参加	（自由回答のカテゴライズ結果・回答者比率・複数回答） 産官学連携組織_16% 民間・NPO組織_5% 学会等学術関連組織_20% 国・地方自治体主体組織_20%　　その他_5%

第7章

地域プラットフォームの伝播

──ミーム概念によるTOLIC, KNS, TMSのケース分析──

活動が活発なプラットフォームに人々は魅せられ，そこに参加する
だけでなく手法を学び，まねることによって別のプラットフォーム
を立ち上げるアクターも出てくるようになる。本章ではその仮説の
もと，ミーム概念を援用しながら地域プラットフォームの伝播の様
相をケース・スタディによって読み解いていく。

7. 1　ミームの継承と伝え手

　前章で触れたように，Williams, Merriman, & Morris（2016）はコラボレーションと生命の類似性に着目しながら，そのライフサイクル論を展開した。ただし，その見立てはあくまで個体としての生命体にとどまっていた。本章ではそこに，種の継承を書き加えたい。

　生命は代謝と生殖機能を有する。生命はその生殖機能によって，種を次世代へ受け継ぐことができる。この観点に立ってコラボレーションを考察すれば，活動が活発な価値創出の段階で，それを模したプラットフォームが生まれる可能性がある。古来より人は，活発な取り組みを視察し，時にその現場に参加してその成功の秘訣を会得することを試みてきた。

　そこで受け継がれる種は，ミーム（memes）と考えることができる。ミームは「行動を実現するための指示であり，脳（あるいはその他の物体）にたくわえられ，模倣によって伝えわたされる」（Blackmore, 1999, p. 51/ 邦訳2000, p. 61）ものであり，ファッション，技術，イデオロギーなど文化の一要素である。プラットフォームであれば，そのコンセプトやコラボレーションのマネジメント手法もミームとして捉えることができよう。たとえば，O' Mahoney（2007）は組織の経営革新の普及過程をミームによって分析している。「ミームは人間から別の人間に伝達される」（Blackmore, 1999, p. 58/ 邦訳2000, p. 132）とあるように，あるプラットフォームのミームは，そのプラットフォームの意義を認識し，その場で学んだ人々によって別のプラットフォームに伝播しうる。ミームの概念を用いることにより，コラボレーション理論で看過されてきた伝播のプロセスを読み解く補助になると考えられる。

　前章では地域プラットフォームの構造を，コラボレーションのライフサイクルという観点から分析した。そのコラボレーションには多様なアクターが関わり，とくにプラットフォームが多方面にわたって注目される価値創出期にあっては，場への参画にとどまらないアクターの存在が確認された。彼らは地域プラットフォーム内で中心的なアクターと関わりながら，その知見を

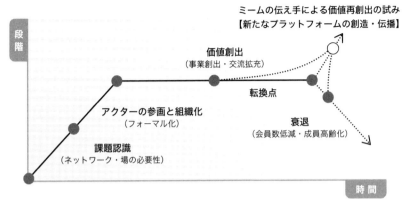

図7.1　修正版ライフサイクル・モデルとミーム

自らの現場に反映させ，模倣と創造的適応により自らも新たなプラットフォームを生み出している。これを本章ではミームの伝え手として捉える。前章での岩手ネットワークシステム（INS）の分析を経て加筆した修正版ライフサイクル・モデルに，ミームの概念を反映したものが図7.1である。

　ミームの伝え手の内実や継承のプロセスを把握することは，地域プラットフォームの進化の過程を検証することになる。上述のとおり母体となるプラットフォームから模倣することと，独自に創造的適応することがある。伝え手の経験やプラットフォームを普及させる地域の状況に基づいて，場の捉え方，運営手法，成果のあり方などを変えていくであろう。既存のプラットフォームで生み出されていた価値と，それをもとにした新たなプラットフォームで生み出される価値の異同について，より精緻な分析が必要となる。

　そこで本章では理論的検討をもとに，INS に影響を受けたいくつかの地域プラットフォームを対象に，各プラットフォームの中核人物に半構造化インタビューを実施し，伝播の内実を把握した。調査対象として東北ライフサイエンス・インストルメンツ・クラスター（以下 TOLIC〔Tohoku Life Science Instruments Cluster〕），関西ネットワークシステム（以下 KNS），土佐まるごと社中（以下 TMS）を取り上げる。なお，調査は 2018 年 6 月から 21 年 8 月

にかけて，インタビューおよび例会やイベントへの参加を含むフィールドワークによりなされた。

7. 2 TOLIC

7. 2. 1 プラットフォームの概要

　TOLIC は 2014 年，東北のライフ・サイエンス機器の集積拠点を，盛岡市を中心に形成することを目的に設立された。プロジェクトの企画と実施，開発製品の広報活動やプロモーション活動の支援などを行っている。企業 33 社（法人会員）と 31 機関から 110 名（個人会員）が参加（2022 年 4 月時点）しており，ライフ・サイエンスに関係するベンチャー企業が多いのが特徴である。TOLIC を牽引するのはマイクロメカトロニクス技術をリードする株式会社アイカムス・ラボである。同社代表取締役社長であり，TOLIC 代表幹事の片野圭二氏は INS の副会長も務めている。本節では片野氏に焦点を当てながら，INS のミームの伝播をたどっていく。

7. 2. 2 ミームの伝え手

⑴　INS による揺籃

　TOLIC の中核を担う片野圭二氏は，元アルプス電気（現アルプスアルパイン）盛岡工場のプリンター部門の技術者であり，同工場閉鎖後は現在の会社を立ち上げた。その起業のきっかけをつくったのが INS であった。30 年ほど前に INS と出会った片野氏は，当初から INS の研究会に頻繁に参加していた。

　「INS ってただ飲んでるだけ。飲む前の前座にちょっと研究会をして本番が飲むこと。でもそこで大学の研究者や他社の人たちと研究テーマについてフランクに語り合う。そこから知り合いが広がったり，共同研究が進んだり。すごく有意義でした」。片野氏は当時をこう回想する。

　大学の研究者も県庁の幹部も組織の垣根を越えて，地位にかかわらず，民間の一社員とも膝をつきあわせて一緒に飲み，語る。INS に関してインタビ

ューした人たちは，この新鮮な雰囲気をもつ INS に惹かれたと語ったが，片野氏もその1人であった。幸い職場も対外活動に対して理解があり，片野氏が出入りする INS の研究会も片手では収まり切れなかった。

　とくに INS の金型研究会では共同研究も進み，これを母体として産学連携の地域構想へと話がつながっていた。しかし，片野氏が会社を巻き込んだ事業展開の企画書を練り上げていた矢先の 2002 年1月，突然に盛岡工場の閉鎖が報道された。片野氏にとって寝耳に水の出来事であった。ここで彼の運命を変えたのが INS の存在であった。

　INS は盛岡工場の閉鎖にあたって，ベンチャー支援説明会を開催した。岩手で育まれた産学連携の火を消してはいけない。アルプス電気を退職し，盛岡に残って起業する人材への支援を目的としていた。このなかには片野氏だけでなく，後に盛岡で創業するアルプス電気の技術者たちが顔を揃えていた。さらに岩手県庁の産業振興部門の職員であり，INS のメンバーでもあった黒澤芳明氏たちの構想のもと，いわてインキュベーション・ファンドが設立され，10 億円の資金をもとに彼らの創業を支えることとなった。

　片野氏の起業準備も急ピッチで進められた。片野氏が手がけていた「小型IT 機器用減速機」の開発と商品化の資金を調達するために，彼は経産省の公募資金に手を挙げることにした。金型研究会のメンバーは片野氏の起業にあたり戦略をともに練った。人事交流として県庁から大学へ派遣されていた小山康文助教授（当時）は，岩手大学の地域共同研究センターのなかに部屋とデスクを用意し，計画書の作成にもアドバイスした。その甲斐もあり，片野氏は2年間で 4250 万円の開発資金を得ることに成功した。INS が蓄積してきた外部資金獲得の知恵は，ここでも活かされたのである。さらに片野氏と共同研究を続けてきた岩渕明教授と清水友治助教授（いずれも当時）は起業にあたって出資をし，役員として片野氏を支えることとなった。盛岡工場閉鎖の翌年，2003 年に片野氏はアイカムス・ラボを創業，役員参加型の岩手大学発ベンチャー第1号として発進したのである。

(2) プラットフォームの立ち上げ

開発型ベンチャーであったアイカムス・ラボは、需要創造に苦しみながら事業を行ってきた。それでも、岩手県のベンチャー創生に共鳴したフューチャーベンチャーキャピタルより出資を得て開発を続け、徐々に大手からの引き合いも生まれ、成長するに至っている。さらに、開発過程で発展した歯車の技術によって、同社は医療産業へと参入することになった。

医療分野の分析に行われるピペットの作業は手動でなされており、その従事者の多くが重度の腱鞘炎に悩まされてきた。また掌の熱が実験の精度にも負の影響を及ぼしていた。アイカムス・ラボの技術に基づいたピペットの電動化によって、これらの問題が解消し高精度での連続注入が可能となったのである。このペン型電動ピペットは pipetty（ピペッティ）と名づけられ、2013 年より販売が開始され市場から好反応をもって迎えられた。

アイカムス・ラボが医療業界に参入する 5 年ほど前、岩手県では自動車、半導体、医療の各分野の産業振興に力を入れようとしていた。医療については 2008 年に「いわて医療機器事業化研究会」が設立され、少し遅れて 12 年に片野氏も研究会に参加することになった。しかしそこでの議論の流れは、大手企業の部品製造・供給の役割を担う、下請型の産業クラスターの形成をめざすものであった。これは常道ではあるが、競争の著しいレッド・オーシャンに苦しむことになるのは目に見えていた。

「こんなやり方をいつまでやってもしょうがない」。同研究会に参加していた片野氏は、岩手大学の INS の仲間と分科会を立ち上げた。これが TOLIC の前身である。分科会のメンバーは、医療系ベンチャー企業がボトムアップで事業を形成し、そこに自治体や金融機関が関わるプラットフォームの構想を練り始めた。民間がブースターとなりビジネスを行いながら、学や官に関わってもらう。体制は異なるが、革新に向けた手法は INS の影響を受けている。

ちなみに、TOLIC は転換点にある INS から派生したとも見立てられる。2007 年 8 月、盛岡市によって岩手大学構内に「盛岡市産学官連携研究センター」（以下、コラボ MIU）が開設された。これは INS におけるコラボレー

ションの成果の 1 つであり，メンバーの悲願であった。岩手大学との共同研究が行いやすい環境が整備されたコラボ MIU には，岩手県内のベンチャー企業などの中小企業が入居する。コラボ MIU は TOLIC に参加する企業が巣立った場所であり，その素地はここで育まれた。

　プラットフォーム立ち上げの模索が続く最中，一関工業高等専門学校を卒業した 1 人のアントレプレナーが，彼らの取り組みに興味をもった。「岩手の医療機器関係者の間で何かおもしろいことが起きている」。

　千葉大亥鼻イノベーションプラザ[1]でバイオベンチャー・メタロジェニクスを創業した岩渕拓也氏である。岩渕氏は片野氏らとすぐに意気投合した。17 年ぶりに地元に戻った岩渕氏は片野氏らと頻繁に交流し，1 年後には片野氏を役員に迎えてセルスペクトという医療機器メーカーを創業する。セルスペクトは小型の血液検査装置を開発した。この装置は血液 1 滴から肝機能をはじめ 8 項目を 5 分以内に診断できる。セルスペクトはこの装置を使ったヘルスチェック・サービスをドラッグストアの薬王堂と展開した。さらにここから得たビッグデータを保険会社などに提供するビジネスモデルを立ち上げ，急成長を遂げている。開発者の視点が強かった片野氏らにとって，岩渕氏の事業展開は刺激となっており，ビジネスの志向性を育むための一種の起爆剤になっているという。

⑶　次世代のアクターを育むプラットフォーム

　岩渕氏を得たプラットフォームは TOLIC と命名され，2014 年 8 月小山氏を会長として正式に設立された。本節の冒頭で示したように，TOLIC は岩手のライフ・サイエンス業界の活性化に向けて，積極的なプロモーション活動を行っている。設立以来取り組んでいるのが，国際市場へのアプローチである。とりわけ世界最大の医療機器展示会 MEDICA へ参加を続け，各社の販売網を広げている。2020 年度は 5700 社の出展があるうち，日本からは150 社程度で，東北からは TOLIC のみの参加であった。世界の市場と交流するなかで，日本の医療機器業界の遅れをまざまざと見せつけられた。一方でメイド・イン・ジャパンへの期待と市場のニーズを知るための恵まれた機

会となっている。

2019年からは新たな試みが始まった。MEDICAへ盛岡の高校生2人を伴って参加したのである。2019年の6月，片野氏と岩手県立盛岡第一高校の教員との懇談から，TOLICは世界に通用する人材の育成に向けて教育界と連携を取ることになった。8月には各校に募集をかけ，選考が行われた。事前に製品知識の研修や目標設定の面談を行い，11月，高校生たちは世界の展示会へと向かった。初日は気後れしていた高校生たちは，場のもっている力も手伝って日が経つにつれ，大人顔負けの営業力を発揮したという。

「ここでの彼らの経験がいずれ盛岡や岩手，あるいは他の地域のためになるのではないか。もしかするといずれこの地に戻ってくるという選択をしてくれるかもしれない」。岩手に愛着を感じ，INSをはじめそこでのつながりの恩恵を受けてきた片野氏は，TOLICのブランディングとともに，優秀な若手と将来のアクターの育成の必要性を強く感じながら，TOLICというプラットフォームを運営している。

(4) TOLICに流れるINSのミーム

片野氏によれば，TOLIC設立にあたってはINSのメンバーの支援が力になったという。とくに岩手県庁出身の小山氏や黒澤氏は制度設計や土地の確保で，プラットフォームを支えた。「企業の人間だけではとてもやり切ることはできませんでした」。片野氏はこう振り返る。

県庁で長年，産業振興に携わった黒澤氏は「中央企業の誘致による雇用創生は時代遅れである」と考えていたという。黒澤氏はかなり以前に視察したアメリカのミネアポリス，フィラデルフィア，オースチンの状況に衝撃を受け，起業家による産業集積の重要性を認識していた。県庁職員時代にはそれが果たせなかったものの，工業技術センターに移ってからTOLICの動きを支えるため，拠点形成に向けて片野氏，小山氏とともに副知事を説得し，国の整備交付金の確保に尽力したのである。それをもって2020年4月，岩手県工業技術センターの隣接地に完成したのが，ヘルステック・イノベーション・ハブである。約6500㎡の2階建ての建物に，TOLICに参加する医療機

器ベンチャーが 11 社入居している（2022 年 5 月時点）。

　片野氏，小山氏，黒澤氏は INS にて長年想いや夢を共有し，時を経て TOLIC という器を得て，それを結実させた。「TOLIC の設立に関わったメンバーの多くは INS の会員で，昔からよく知っている。INS があったおかげで今の TOLIC がある」。片野氏はこう明言する。

　TOLIC はビジネス・ベースのプラットフォームであり，INS とは様相を異にするが，「フラットな組織」「発想したら実行するボトムアップ・アプローチ」は往時の INS の実践をなぞっている。「TOLIC に INS の血は流れているんじゃないかと思う」。片野氏の言葉は INS のミームが TOLIC に受け継がれていることを物語る。

　TOLIC では，INS 内にて 2019 年に「INS グローバル産業戦略研究会」を立ち上げた。海外ビジネスの研究や高校生のインターンシップ受け入れを行い，コラボレーションの間口を広げて INS の活性化に一役買っている。「INSは場としてずっと存在してもらわないと困る。INS の変化に少しでも関わっていければ」。INS の恩恵を享受してきた片野氏らは，INS の再生に強い思いをもつ。

7.3　KNS

7.3.1　プラットフォームの概要

　KNS は，堂野智史氏をはじめとする 23 人の関西を中心に活動する産官学の発起人により，2003 年 6 月に正式発足した。なお発起人は全員，個人資格で参画したという（堂野，2005）。会員数は 2020 年 11 月 15 日現在，民間 136 名，大学 23 名，行政（独立行政法人含む）41 名の合計 200 名である。主な活動は，定期的な会員相互の交流会，ワークショップなどを中心とした研究会活動，会員相互の情報交流や研究交流である。また東北，関東，東海，中国，四国，九州・沖縄の全国の各支部でも，ミニ井戸端会議などの活動が行われている。

　KNS では会員のフラットな関係性をより明確にするため代表を置かず，

全員が代表を担っている。ただし，活動に責任をもち企画運営を継続的に行っていくために積極的に活動する世話人を置いた（堂野，2011）。この世話人が中心となりワークショップなどを企画し，産官学，老若男女，会員・非会員を問わず多くの人々が参加し，プラットフォームが築かれている。本節では堂野氏に焦点を当てながら，INS のミームの伝播をたどっていく。

7.3.2 ミームの伝え手

(1) INS との邂逅

2000 年代を前にして，堂野氏は IT 革命により活性化したシリコン・バレーの状況に着目していた。そこでは大学が地域の新しい動きのハブになり金融や技術，ビジネスの専門家が産学の垣根なく，緩やかな結びつきをもつ産学連携コミュニティがあり，これが活性化の礎となっていた（西出，2011）。堂野氏はとくに，「フランク，フラットなコミュニケーション」がさまざまな場所で起き，そこで生まれたアイディアが具現化する様に魅せられたという。やがて日本でもこうした状況を生み出されるのではないかと考え，全国の産業振興や産学連携で活躍している人を徹底的に調べていった。

その当時，岩手県花巻市が「日本で一番起業をしやすい町」としてテレビで特集が組まれたり，ベンチャー系の雑誌でたびたび取り上げられたりしていた。堂野氏は 1998 年夏に，その中心人物である花巻市起業化支援センターでコーディネーターをしている佐藤利雄氏のヒアリングに向かうことになった。その際，佐藤氏のヒアリングに合わせて東北エリアの産学連携事例を視察することにした。東北通産局から紹介を受けた視察先候補の 1 つに，当時何をやっているかもまったく知らなかった INS があった。そこで何気なく，INS 事務局長（当時）であった岩手大学の清水健司氏にアポイントの電話を入れた。「この 1 本の電話が自分の人生を変えた」と堂野氏はしみじみ語った。

(2) INS による揺籃

堂野氏が清水氏に電話でアポイントをとったわずか 3 時間後に，堂野氏の事務所に清水氏から 2 泊 3 日の綿密なスケジュールが FAX で送られてきた。

それを見て堂野氏は驚嘆した。そこには，いわて産業振興センターのトップや県庁の課長クラスへのヒアリングのスケジュールがぎっしり記載されていた。「一大学の先生に口頭で依頼したのに，なんでそんな簡単にアポイントが入ってるのか。これ，非常に驚いたんですよ」と，20年以上も前の感情がよみがえったような口調で語った。

　実際にINSに行ったときのことを堂野氏は著書のなかで，「その時の衝撃は今でも忘れることができない。出会う人，出会う人が同じ言葉でINSを語り，また，所属や立場が異なる人々が，肩書きや年齢を超えて，フラットな関係で自由にコミュニケーションを図る様子を垣間見，目から鱗が落ちるくらい鮮烈な印象を受けた」(堂野，2005，p. 31) と記している。堂野氏は，探していたシリコン・バレー・モデルをINSにみた。

　堂野氏によれば，当時の関西には数多くの産官学連携組織があったものの，INSのように，産官学民のメンバーで構成されながらメンバー間の相互関係がフラットな居心地のいいコミュニティに出会ったことがなかったという。INSとの交流はその後も続き，2001年には大阪でINS主催の「INS in おおさか」が，翌年には「第2回 INS in おおさか」が開催された。この準備員会メンバーたちによりKNS設立に向けた準備が始まった。

　KNS発起人の23名の所属は，産ではシンクタンク，大企業社員，中小企業経営者，協同組合事務局，学では大阪大学，大阪市立大学，官では大阪府，大阪市，兵庫県，神戸市，豊中市，岩手県，三重県であるものの，全員個人資格で参画した。その後，発起人から組織の企画運営を行う世話人を募り，準備を進めて前述のとおり2003年6月にKNSが正式発足した。

　KNSはINSをモデルにし，構成メンバー同士や構成メンバーが関係するさまざまな人々との顔の見える関係づくりを重視している。つまり参加する人同士が所属や肩書，年齢，国・地域などの看板を脱ぎ捨てて，1人の自立した個人として関係性づくりを行っていく。それをもとに各自が産産，産学，産官，産官学など，さまざまな組み合わせによる自主的・自律的な活動に取り組むことで，地域産業や科学技術の振興，まちづくりの実現に取り組み，ひいては地域経済の活性化に貢献することをめざしている (堂野，2011)。

(3) 産官学民コミュニティの場としての引き継がれたミーム

　KNSでは，INSがめざす「イベント企画・運営だけでなく『いつも飲んで騒ぐ』でネットワーク拡大（成長）をめざしていく」姿勢に共鳴し，参加した人々は多い。INSでは何よりも会員同士の垣根を取り払い，フラットな関係性の構築を大事にしていた。堂野氏はINSのメンバーとの交流を重ねることで，「コラボレーションを推進する手法」というINSのミームを獲得していった。

　このKNSにおけるメンバーの交流の1つに定例会がある。関西大学梅田キャンパスで行われた2018年6月23日の定例会では，Quadcept株式会社COO/専務取締役松田知樹氏による，シリコン・バレーの文化とコミュニティから日本が学ぶべきことに関する講演後，参加者全員が7〜8人のグループに分かれ，さまざまな話題について，所属や肩書，年齢，性別に関係なく語り合う井戸端会議が行われた。そして，KNSが「本番」という交流会では，「K＝必ず，N＝飲んで，S＝騒ぐ会」の異名にふさわしく，参加者全員で異分野交流が盛んに行われた。また，2018年10月20日に高知市で行われた「第12回産学官民コミュニティ全国大会in高知」では，INSをつくった1人である岩渕明岩手大学学長（当時）らによるトーク・セッション「産学官民コミュニティへの期待と課題——コミュニケーションを醸成する『場』のつくりかた」や各地のコミュニティからの活動報告の後，「コミュニケーションを促進する『場』——自己の可能性を高めるコミュニティとは？」をテーマとした，定例会と同じような井戸端会議が開かれ，最後の「本番」と位置づけられる交流会では，参加者全員による異分野交流が行われた。

　KNSでは上下関係のある組織にはない，人と人との関係性やつながりがフラットな形でつくれる場であることを何よりも大事にしている。

(4) INSミームの進化

　組織体ではなく個人のネットワークを形成しながら，コミュニティ構築や面の広がりを意識するKNSは，既存の企業連携体・コンソーシアムといったものと根本的に異なる性質をもつ。KNSでは堂野氏が示すように単なる

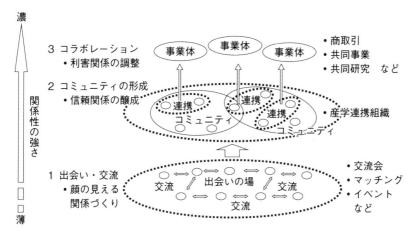

図7.2 交流 -コミュニティ- コラボレーションへ (概念図)
出所) 堂野 (2005) p. 40.

異業種交流会のような一過性の出会いの場にとどまらないことが意識されて
いる。参画メンバー同士の交流によるコミュニティといった場づくりと, そ
れによるコラボレーションへの発展といった流れが発足当初より志向されて
いる (堂野, 2005)。このため KNS は組織体であることよりも, このネット
ワーク形成とコミュニティ構築を全面に押し出しながら, 最終的なコラボレ
ーションを産官学連携の枠組みのなかで緩やかに展開することを心がけてい
る (図 7.2)。

　KNS の見本とした INS では, 産官学連携の出発点は大学であった。また
発足当初の目的の1つとして, 産官学連携による競争資金の獲得といった成
果も求めていた。そして連携を進めるための手段として, フラットな関係で
コミュニケーションが図られた。

　一方, INS を参考にしながら, KNS は独自の進化を遂げ, 個人によるネ
ットワーク形成を意識しながら, 徐々に成員中心の産官学民による協働を実
現していった。KNS は「交流の場としてのコミュニティ」を前面に打ち出
しており, 〈直接的な成果を求めない組織〉であると堂野氏は力説する。

こうした個々の関係性を生み出す場がKNSの「産官学民コミュニティ」であり，堂野氏らと一緒にKNSを立ち上げた与那嶺学氏は，次のような意義があるという（与那嶺, 2011）。1つめは「ライフワークの場としてのコミュニティ」であり，退職や異動をしてもこれまで関わってきたことに今後も関わり続けたいと思う人も少なくなく，こうした欲求をもつ人にとっての支えになる点である。2つめは「思いのある行政職員を受け止める場としてのコミュニティ」であり，地域をなんとかしたいと思っていても役職が低く権限がない職員や異動して担当が変わった職員であっても，コミュニティに関わりをもっていれば何らかの関係性をもつことができる点である。3つめは「心のよりどころの場としてのコミュニティ」であり，成果を求めない組織の居心地のよさがそこにあるとしている。4つめは「熱い仲間のエネルギー交換の場としてのコミュニティ」であり，定例会などに参加する熱いエネルギーをもった人同士が議論し，また飲食をともにしてコミュニケーションをとることで，相互にモチベーションを高めることができる点にある。最後に「イノベーションの可能性をもつ場としてのコミュニティ」を意識しており，目的がない状態でまったく立場が異なる人同士のやりとりが，新しい問題解決のヒントとなることもあるとしている点にある。

⑸　KNSミームの今後

　堂野氏はKNSの課題として次の5点を挙げている。第1に「コミュニティ内部における会員間の信頼性をどのように担保するか」という点である。まったく素性のわからない人が突然紹介されるケースも増え，コミュニティの信頼性低下が懸念されはじめた。オープンな思想を堅持しつつも，信頼性を担保できるコミュニティのあり方について議論し，実践していくことが必要となる。

　第2に「会員相互に顔の見える関係性をいかに築くか」という点である。顔の見える関係性構築には，相当の時間を要するため，継続性が課題解決の有効な手法といえよう。

　第3に「メンバー構成の問題」である。KNSはINSに比べて「学」から

の参加者が少ないとしている。幅広い活動を維持するために，今後「学」か
らのメンバーの参加を積極的に働きかけていく必要がある。

　第4に「世話人の求心力」の問題である。KNS 事務局を担う世話人は異
なる組織に所属し，普段の活動地域もさまざまである。そのためフェイス・
トゥ・フェイスによる日常的なコミュニケーションは困難であるが，世話人
の求心力の維持・発展のため，よりいっそう相互のコミュニケーションを図
る必要がある。

　第5に「『成果』の問題」である。コミュニティの「成果」とは，交流が
深まり，信頼関係に基づく顔の見える関係性がより多くの人々の間で構築で
き，協働の契機を生み出すことである。堂野氏によれば産学共同研究や商取
引等の共同事業は，コミュニティの直接的な「成果」と捉えるべきではない
としている。KNS というコミュニティを基盤に，参加する人同士が交流を
深め，信頼関係を醸成し，そのうえで各会員が所属する組織に立ち戻って，
各々が各自の目的に沿った形で共同事業を推進していく姿を理想とする。そ
のためにも KNS は産官学民連携の基盤となり，信頼関係醸成のコミュニテ
ィとして，さらに進化を遂げながら活動を続けていくことが必要である，と
いう。

　現在 KNS は全国に支部をもち，各地で活発なネットワーク形成によるコ
ミュニティ構築を試みている。これらは「支部」としつつもピラミッド型の
組織ではなく，あくまで広範なネットワークづくりの結果であり，INS や
KNS の手法を模倣しながら，それぞれの地域で独自の発展を続けている。

7.4 TMS

7.4.1 プラットフォームの概要

　高知県では，土佐経済同友会が常設の産学官民連携推進委員会を設け，県
内大学関係者らとの意見交換を重ねていた。それに合わせ，人材育成の組織
を立ち上げようとしていた高知県庁とも協議し，高知県を主な活動の場とす
る土佐まるごと社中〈TMS〉が 2012 年 6 月に正式発足した。

TMS の設立趣旨は，「土佐に『志』のある個人が集う『場』があり，そこに集った個人が意気投合する『仲間』を創って『情熱』を燃やす」であり，産官学民連携を促進する人材交流拠点としてのサロン（産官学民コミュニティ）をめざしている。地域の自立のために重要な産官学民の有機的なネットワークを形成するため，広範な交流を図り，土佐の科学技術と産業の振興を図るとともに地域活性化に寄与することも目的としている。

　TMS の会員数は 2022 年 4 月現在，400 名ほどだという。おおよそ，民間が 5 割，大学が 3 割 5 分，行政が 1 割 5 分の割合である[2]。入会は自由で年会費もない。会の運営に必要となる運営費用は，TMS が主催または共催する活動に参加した際に，そのつど，参加者全員から運営協力金として 500 円を一律に徴収する規定となっている。会の運営は 20 名程度の世話人がボランティアで行い，高知大学地域連携推進センターが事務局を担っている。主な活動は，定例会や交流会のほか，世話人会，井戸端会議，研究会などである。本節では土佐経済同友会で TMS 設立に大きな役割を果たした漁師明氏に焦点を当てながら，TMS における INS のミームの伝播をたどっていく。

7.4.2　ミームの伝え手

⑴　INS・KNS によるインスパイア

　高知県の産官学関係者と INS の出会いは，2004 年頃に岩手大学の清水氏が高知を訪れたことに始まる。これを機に高知県コーディネーター懇談会や高知學長会議が発足した。ただこれらの活動は一部のアクターにとどまっており，全県的な広がりに至っていなかった。

　その間も高知県の若年人口は減少し，産業の活力も失われつつあった。「四国の大学はすべて合併してしまうのではないか。そうなると大学で高知のことはメインに取り上げられなくなってしまうのではないか」。漁師氏は土佐経済同友会で，会員と危機感を共有していた。「大学と地域連携を進めよう」。同友会のメンバーは産学連携を模索し始めたのであった。

　しかしながら当時，大学と共同研究をしようにも教員の専門はわかりやすく広報されておらず，連携を取りにくい状況にあった。さらに，高知にはい

くつか大学があるものの，それぞれの大学がどのような地域連携をしているのかみえなかった。「公開シンポジウムを開いて，各大学の学長に出てもらおう。県知事や高知市長も出てもらって。ものすごく勝手な企画を立てまして」。漁師氏たちは顔の見える関係をつくるため，学官の門を叩いた。

　こうして2009年，土佐経済同友会が主催し公開シンポジウム「大学と地域貢献」が開催された。

　2010年7月に開催された第2回公開シンポジウムでは，岡崎誠也高知市長がINSのことを話題にし，それを受ける形で尾﨑正直高知県知事（当時）が地域振興のための産官学民連携の重要性について言及した。これによって，産官学民コミュニティの形成は県政浮揚の基盤にもなり有効であるという基本認識が確認された，と漁師氏は分析する（漁師，2010）。

　TMSの世話人の1人である佐藤暢氏もこの一連のシンポジウムが，TMSの立ち上げの推進力となったと指摘する（佐藤，2016）。このようにTMSは県勢浮揚の核となる知の拠点として，地元大学への産業界からの期待から誕生した面がある。そのなかで，行政には「産官学連携によるイノベーションの創出」という政策上の狙いがあり，大学としては「大学の知をもとにした地域貢献」の醸成を図りたかった。産官学民に共通するのは，これまでに関係性の薄かった地域の各セクターがつながりをもつことにより，何か新しいことが起きるかもしれない，という新機軸の期待感であった（佐藤，2018）。

　さらに2010年11月，高知大学の社会人の講座にKNSの堂野氏が登壇し，KNSやINSの取り組みについて紹介がなされた。「KNSの話もさることながら，堂野さん自身もおもしろかったですよぉ」。漁師氏はその話に引き込まれた。同じく堂野氏の講演を聞いていた県知事らとKNSについて語り合った漁師氏は，高知での同様のプラットフォームの設立に可能性を感じた。「高知でもこんな集まりをつくりましょう！」と漁師氏は意気高く同友会で宣言し，「産学官民連携推進委員会」（以下，推進委員会）を立ち上げ，高知大学の石塚悟史教授や高知工科大学に着任していた佐藤暢氏を委員会に引き入れながら，プラットフォームの模索を始めた。

　堂野氏とも知己を得た漁師氏はそれから約2年間，推進委員会のメンバー

と連れ立ってINSやKNSと交流を重ね，「コラボレーションを推進し，地域を活性化する手法」というINS・KNSのミームを獲得していった。TMS設立に際しては，KNSのメンバーが現地へ赴き運営の支援をするなど協力を惜しまなかったという。TMSがめざすコラボレーションのあり方をKNSのメンバーは身をもって体感できるよう駆けつけた。「TMS設立のときにKNSから60人も出席してくれて。相当盛り上げてくれました」。漁師氏はKNSに恩を感じている。

(2) 産官学民コミュニティの場としての引き継がれたミーム

　2018年10月20日，われわれは高知市で開催された「第12回産学官民コミュニティ全国大会in高知」に参加した。冒頭の挨拶で佐藤暢氏は，「TMSは産官学民コミュニティであり，組織や肩書に縛られない自由な交流をめざし，お互いにフラットな関係性を築き，自主的かつ積極的に，交流・協働していく人的ネットワークに支えられた異文化コミュニティ」とTMSを紹介した。この定義づけはKNSと同様であり，コラボレーションもKNSのスタイルをなぞった活動が展開されている。

　たとえばTMSでも世話人会が設けられ，産官学民連携から新しい「コト」をつくりだすための交流企画会議が毎月開催されている。TMSの世話人はINSやKNSに足を運び，そのノウハウを学び続けている。なお漁師氏，佐藤氏を含めたTMS世話人の3人はKNSの世話人も務め，交流は盛んである。

　定例会としてビジネス・マッチングや産官学民連携，地域活性化に取り組む人々によるプレゼン大会が，県の中部（高知市），西部（四万十市等），東部（安芸市等）で各年1回ずつ計年3回開催され，TMSメンバー同士の交流を深める井戸端会議が2021年末までに18回行われている。高知県は西の足摺岬から東の室戸岬まで車で5時間かかる。高速道路の整備も遅れていることから，これまで地域間の交流は盛んとはいえなかった。お互いのことを知るために，プレゼン大会は中部の高知市だけでなく，東部と西部でも年に1回ずつ開催することにした。東部でも西部でも，その地域の世話人が人材の発掘に努め，プレゼンターは100人を優に超える。「各地域には各地域に

地場で活動してる人って結構いるんですよ。高知県内で誰が何をしているのか。いろんな方々のことを知ることができるようになったんです」。TMS 設立を機に相互の行き来が盛んになったと漁師氏は言う。

このほかに，新技術の事業化の議論をする研究会や，学生との交流を行う研究会，テニス好きの集まる同好会も発足している。TMS 女子会は，育児中でも集まりやすいように土曜日の昼間に開催されており，この TMS 女子会から，小さなお子さんのいる働く女性の悩みでもある病児病後児保育を支援する〈NPO にんにん〉が立ち上がったという。TMS では，交流の裾野を広げる努力が重ねられている。

⑶　ミームの行末

前述のとおり，TMS は土佐経済同友会（産業界）が官と学を巻き込んでつくりあげたプラットフォームである。そのため，産官学民の活動への思いの差は少なからずあるという。また東西に広がる高知県において，中部，西部，東部の一体感をさらに醸成することも継続していかなければならない。なにより地域の若者の定着は TMS の優先課題である。漁師氏の感覚では，地域に残る若者は学生時代に地域との連携経験を有しているという。

TMS は，INS や KNS のような従来システムへの不満をもつ若手中心によって発起されたものではない。そのため，世話人に意思決定権をもつ年長者が多い。それを意識してか，学生との交流を行う研究会を設けるなど，若年層との交流，育成を意識するものの，アプローチは十分ではない。世話人などプラットフォームの中核を担う若者が出てきてほしいとのメンバーからの声も聞く。そのため，〈10 周年を機に，大学生や高校生たちによる意欲的な企画の実現の支援〉を，TMS の活動の柱の１つとするとともに，大学生等のアルバイトに関して JA や企業とのマッチング・サイトを運営する新たな活動を開始すべく模索している。その第一弾として，漁師氏が関わる IT 企業が，若者流出防止をめざして，地域と学生との交流促進による「大学や専門学校と高知県 JA とアルバイトのマッチング協定」を締結した。そして漁師氏の仲立ちにより，土佐経済同友会でも，若者流出防止をめざして活動

し始めるために，今後の活動目標に掲げる方針を決め，TMSとの協力体制をつくってきている。

7.5　まとめ——プラットフォームの伝播に向けて

　本章ではINSに端を発したいくつかの地域プラットフォームについて，ミームの伝え手に焦点を当て，そのミームの継承を描写してきた。ミームの伝え手をたどってみると，コラボレーションの取り組み方や成果は一様でないことがわかる。彼らはINSの取り組みをただなぞるのでなく，それぞれの置かれた状況にあわせて，創造的な適応を行っている。

　図7.3はプラットフォームのミームの伝播と適応にかかる意識を把握するため，各ミームの伝え手へのインタビューの対応分析を行った結果である。この対応分析では外部変数を各ミームの伝え手とし，ミームの伝え手に共通する語と伝え手ごとの特徴的な語を探索した。

　まず，原点に近いほど各外部変数に共通して出現しやすい語である（「集まる」「一緒」「作る」など）。よりスコープを広げてみると「集まる」「一緒」「作る」「先生」「参加」「面白い」「産学」などが見て取れる。三者に共通することとして，業種を超えた集まりに面白さを感じる集いをめざしていることが窺える。

　片野氏と堂野氏との共通点は「INS」や「岩渕」等である。INSや岩渕氏の思想の影響を強く受けたことが窺える。堂野氏と漁師氏の共通点は「産学」「産業」「面白い」などである。業種を超えた連携に面白さを感じる集いをめざしていることが窺える。漁師氏と片野氏との共通点は「作る」「一緒」「関わる」などである。インタビューの内容をたどると，メンバーと一緒に（物事を）つくりあげるという成果に意識が向けられている。

　その一方で，原点からみて各ミームの伝え手の方に離れている語ほど，各人に特徴的な語であると解釈することができる（片野氏の場合であれば「ビジネス」や「成果」などの語）。これによれば，プラットフォームに求める成果について，各人の認識は異なっている。

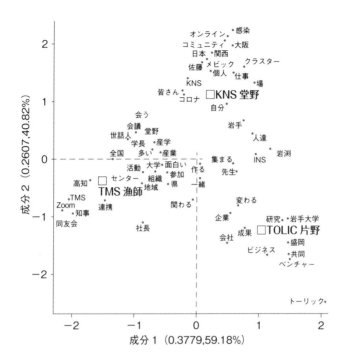

図7.3　ミームの伝え手の認識の差異

　片野氏は，TOLIC からビジネスの成果が生み出されることを志向している。
TOLIC に参加するアクターにベンチャー企業が多いことも手伝っていよう。
高校生インターン受け入れも，プラットフォームの活性化と長期的な人材確
保を意識したものと解釈することができる。

　堂野氏は個人と個人がつながる場づくりを意識している。KNS はあくま
でも「交流の場」であり，直接的な成果を求めていない。このことはコミュ
ニティ観にもあらわれている。イノベーションの担い手は多くの障害に直面
するため，同様の課題や問題意識をもつ人々との交流はモチベーションの継
続につながることが推察される。

　漁師氏は TMS によって経済界と各高等教育機関をつなげるとともに，各
地域の結束をもたらすことをめざしてきた。その背景には高知県における産

業の活性化があり，さらに高知の社会にとって喫緊の課題である，県外流出
の防止による若年人口の確保も視野に入れられている。

　各プラットフォームがめざす成果は違えども，INS で培われたコラボレー
ションのあり方や手法は彼らを魅了し，それぞれの現場における課題解決に
向けて適用されていったことは興味深い。いずれにせよ，各プラットフォー
ムの取り組みはプレイス・ブランディングにつながりうるものであり，INS
ミームの行く末は注目に値しよう。

注

1　千葉大亥鼻イノベーションプラザは，中小機構が千葉県，千葉市，千葉大学，公
　益財団法人千葉市産業振興財団などと連携して，大学等が有する先端医療分野，医
　工連携分野の研究成果を活用した起業や創業活動，中小企業の新事業展開等を総合
　的にサポートする大学連携型起業家育成施設（インキュベーション施設）であり，
　千葉大学亥鼻キャンパス内に立地している。
2　TMSは，2022 年に 10 周年を迎えるにあたり，会員名簿の公開整備等による交流
　促進策を推進している。会員名簿をタイムリーに更新でき，それを活用しやすいよ
　うにするため，漁師氏は，高知市のアニバーサリーコンシェル株式会社というIT企
　業の取締役に就任した。また後述する若者の県外流出の防止施策も，この会社を通
　じて行っている。

【引用文献】

Blackmore, S. (1999). *The Meme Machine*. Oxford: Oxford University Press.
　（垂水雄二訳（2000）．『ミーム・マシーンとしての私』（上・下）草思社.）
堂野智史（2005）．産学連携基盤としての産学官民コミュニティの形成——INS,
　KNS の事例を通じて．『産業学会研究年報』20, 31–42.
堂野智史（2011）．関西ネットワークシステム(KNS)の発足と活動の展開．関西
　ネットワークシステム編『現場発！ 産学官民連携の地域力』．学芸出版社,
　53–62.
西出徹雄（2011）．産学官民コミュニティ——日本とアメリカ．関西ネットワーク
　システム編『現場発！ 産学官民連携の地域力』．学芸出版社, 32–42.
O'Mahoney, J. (2007). The diffusion of management innovations: The
　possibilities and limitations of memetics. *Journal of Management Studies, 44*
　(8), 1324–1348.

漁師明（2010）．土佐経済同友会 公開シンポジウム 第2回『大学と地域貢献』実施報告，望見『土佐経済同友会報』35, 4–9.

佐藤暢（2016）．高知の産学官民連携──ココプラの取組みを中心に．『高知工科大学紀要』13(1), 1–9.

佐藤暢（2018）．中小企業の実践的戦略に貢献する産学官民コミュニティの事例研究──高知での産学連携事例から見た一考察．『産学連携学会誌』14(1), 83–91.

Williams, M. C., Merriman, C., & Morris, C. J. (2016). A life-cycle model of collaboration. In Morris, C. J. & Miller-Stevens, K. (eds.) *Advancing Collaboration Theory: Models, Typologies, and Evidence*. New York: Routledge, 175–196.

与那嶺学（2011）．産学官民コミュニティの意義．関西ネットワークシステム編『現場発！ 産学官民連携の地域力』．学芸出版社，10–20.

第 8 章

地域プラットフォームと
プレイス・ブランディングの構図

これまでの分析を経て，本章では各分析から導かれた知見の統合を
図る。それとともにプレイス・ブランディングと地域プラットフォ
ームの概念的接合を図り，その構図を明らかにする。

8.1 本書を通してわかったこと

　本書では，プレイス・ブランディングにおける多様なアクターによる価値創出にあたり，地域プラットフォームがいかなる役割を果たしているかについて考察を進めてきた。

8.1.1 分析の視角

　第1章では地域のブランディングにおける社会的・理論的背景を踏まえ，多様なアクターが関わる協創によるブランディングの流れを示した。それを促進させる枠組みとしてプレイス・ブランディング研究では，交流の舞台の存在が指摘されてきた。本書ではその内実をより精緻化するために，地域プラットフォームの概念を援用することとした。

　プレイス・ブランディングは歴史や文化，意味の共有を通じた個々人の観念としての価値といった包括的な概念を含んでいる。本書では，地域プラットフォームを「多様なアクターの協働によるプレイス・ブランディングの実行，実現のための包括的なシステム」として捉えた。つまり，人々にとっての場の意味の共有も含む意識レベルに働きかける幅広い試みとしてのプレイス・ブランディングが，地域プラットフォームというシステムを用いることによって，より有効に具現化していくと考えるのである。

　第2章では，地域プラットフォームを駆動させ，プレイス・ブランディングをなしていくうえで重要なテーマである「よそ者」「地域間ブランディング（IRPB）」「コラボレーション」に関わる研究をレビューした。

　ビジネス・ブランディングと地域のブランディングの主な違いは，関わる主体の多様さにある。そのなかにあって地域外協力者，すなわちよそ者は，感化者および目利きとしての役割が期待されてきた。一方でよそ者の到来やその地域側の受容は所与の前提とされており，現実との離齬があった。本書ではさらに，内発的発展論や地域づくり論におけるよそ者研究を振り返り，よそ者が地域にもたらす多様な効果を確認した。一方でよそ者を政策的に地

164

域へ投入する傾向が強まるにつれて，よそ者と受け入れ地域との確執も散見されている。本書ではその現状に鑑み，地域の状況やよそ者のタイプによって地域への受容が変わりうることが示唆された。

　次なるレビューのテーマは地域間ブランディング（IRPB）であった。プレイス・ブランディングや経済・社会的活動は単一の地域のなかでのみ行われるものではない。現実の取り組みでは，行政区を越えた連携が頻繁に行われている。そのため，留意すべき点も多数ある。まずIRPBではより多くのステークホルダーが関わる可能性があり，その円滑な遂行に向けて連携する地域を人々がどう捉えているかを把握する必要がある。また，社会基盤の整備がIRPBの端緒となることも示唆された。そういった背景もあり，IRPBの多くは産官中心による委員会方式で運営されてきた。目的や利害が一致した際は推進力も高まるものの，アクター間の調整が難しく，プレイスの捉え方や取り組みは柔軟ではなくなる。IRPBを次なる段階に進めるためには，市民連携を含めた多層的な連携への注目，すなわちマルチレベルの関係性が必要となるのである。

　地域における価値創出は，アクター間のコラボレーションによってなされる。第2章ではコラボレーション理論を概観し，その要諦を掴んでいった。当初，組織間関係においてのみ有用性を発揮されるとされた同理論は，その適用範囲を広げていった。それにつれてそこで生み出される成果も，関わるアクターの構成によって異なり，多岐にわたることが示された。

　一方，コラボレーション研究の多くは，コラボレーションを成果が出ると一度きりで終わるか，逆に永続的な事象として捉え，そのライフサイクルや派生について十分な議論が尽くされてこなかった。地域プラットフォームにおけるコラボレーションを有効に機能させるために，その経時的な変化の把握が求められるのである。

　これらの研究の視角を得て，本書では各テーマにかかる各地の分析がなされた。

8.1.2 外部人材の受容

　よそ者の存在は，地域振興における重要なトリガーとなることはさまざまな先行研究で指摘されてきた。第3章では，地域の受容段階とそれに伴って受容されうるよそ者の違いを明らかにするために，中山間地住民の地域に対する評価の量的分析と，特徴的な地域の質的分析を組み合わせる混合研究法を行い，地域とよそ者の関係を統合化することを試みた。分析の視座として，ソーシャル・キャピタルと地域づくりプロセスにおける外部支援者の分類を行ったV. S. O. Pモデルを用いた。

　第3章の分析によって，地域の受容状態はソーシャル・キャピタルの蓄積により，受容形成期，交流促進期および価値共創期の3つに分類されることが判明した。そしてその状態によって受容されるよそ者も異なる。また地域の人々のよそ者への態度も変容する。ここで，地域とよそ者との関係の継続や価値づくりの装置として，地域づくり団体によるプラットフォームの存在が認められる。このプラットフォームの目的も地域の状態により，「誇りの涵養，地域の再発見」「交流促進，知識の移転」「価値づくり」と変化していく過程が明らかになった。

　この知見を活用することで，よそ者の受容を促す施策をより適切に展開することが期待されよう。他方，既存の地域ブランド研究の限界の1つに，共有された理論的枠組みの不在（Kavaratzis, Warnaby, & Ashworth, 2015）が存在していた。焦点の当て方によって，地域ブランドの内容が異なってきたわけである（阿久津・天野，2007）。こうした理論的混乱に対し，第3章ではプラットフォームという枠組によって，地域に関わるよそ者と地域ブランド価値の醸成過程を明らかにした。

　地域の実情は多様である。地域の受容状態は同時並行的に進行し，シナジーを起こしうる。また，リニアな進行を経ない可能性もある。プレイス・ブランディングの多様性に鑑みれば，受容状態もまた多様であることは忘れてはならない。

8．1．3　地域間ブランディング（IRPB）

　第4章では，地域間ブランディング（IRPB）におけるマルチレベルの関係性を捉えるべく，新潟県三条市と福島県只見町を結ぶ八十里越を調査対象とし，量的調査や質的調査を組み合わせた混合研究法によって複数のデータを収集し分析を行った。

　量的調査からは県境をまたいだ地域間において，両地域の住民はそれぞれの地域ブランド資産を認識し，それが交流意向や歴史文化的つながりといった態度へと関係することが確認された。またそこで，歴史文化資産が連携の駆動因として機能しうることを見出した。

　質的調査からは，産官を中心とした委員会方式だけでなく，地域ブランド資産を認識した個人が，地域間のつながりの方向づけや意味づけを行う存在となりうることを確認した。さらに，ともすれば地域内において孤立しがちなその個人は，専門性の高いアクターの誘引によって孤立を克服し，そうした人々との関係性を軸としたさらなる価値共創がなされることが確認された。

　本書の分析からは，地域資産が橋渡しとなってIRPBの対象地域をつなぎ，市民を含めた多層的な連携の素地となることも窺えた。

　とくに中山間地域では，都市部に比べてブランディングに投じられる資源が少ない。また，補助金の枠組みに必要以上に縛られることもあり，想像力を発揮できず，ブランディングのコンテンツも無味乾燥になりがちである。そのため，委員会方式のブランディングではなく，多様なアクターの叡知を活かすボトムアップ方式のブランディングも志向する必要がある。

　IRPBを萌芽期から次の段階へと至らせるうえでは，個の取り組みの支援やセンス・オブ・プレイスの把握と共有が欠かせず，行政にあってはその貢献が期待される。

8．1．4　個のアクターと地域プラットフォームの関係

　地域プラットフォームにはさまざまな形態があり，参加するアクターも多様である。参加アクターの規模を最小までつきつめると個人単位となるだろう。第5章では，個という「点」がどこまでプレイスやプラットフォームと

167

いう「面」の広がりにつながっていくか，という問いをもとに分析を進めた。まず地域外のよそ者として出発した個としてのアクターについて，地域振興活動に携わるなかでの変容のプロセスを，M-GTA を用い明らかにした。また事例として，教育を軸にさまざまな価値創造活動を展開する個としてのアクターを詳らかにしていった。

　2つの分析が示唆することはまず，個としてのアクターは，地域における活動のプロセスのなかでさまざまな人々との「交わりの場」を生み出している点にある。ここにおける「交わりの場」とは，具体的な次元と抽象的な次元の両者にまたがるものである。その「交わりの場」は，規模の大小を問わず地域内外の人々が関わりを深め，新たな価値を生み出すことに貢献していると読み取れる。個としてのアクターによる，ミクロなレベルでの「交わりの場」の創造と，そこでのさまざまな他者との接点の積み重ねは，新たな価値を生み出す原点ともなる。彼・彼女らの活動はそうした土壌を創り上げている。

　さらに，こうした「交わりの場」におけるアクターの活動によって，多くの人が参加していくことにより，その場を通じた共有意識，センス・オブ・プレイスの醸成の萌芽が生じる。その場に参加することは個々人にとってのプレイスに影響を与えるという点において，意味の積み重ねが生じているともいえる。漫然と集まるのではなく，強い志向をもった個のアクターを起点とした「交わりの場」における多様な価値創造活動の集積が，地域プラットフォームとして駆動する。そのことで，関わる人々にとっての場の意味の生成と共有につながっていった可能性がある。これらのことは，個としてのアクターによる活動が，小規模であっても地域プラットフォームというシステムへの親和性をもっているか否かが重要であることを示している。つまり，「ただ集まるだけの場」であっては，地域プラットフォームに近づくことも難しく，またセンス・オブ・プレイスの醸成ともほど遠いといえよう。

　以上の点で，ここでの考察は，個としてのアクターがどのように地域プラットフォームやプレイス・ブランディングに貢献していくのか，という問いに対して大きな示唆を与えるものであった。

8.1.5 プラットフォームにおけるコラボレーションのライフサイクルと伝播

　近年は産官学連携による地域プラットフォームも活況であり，アクターが交流を重ねながら地域社会の価値生成や課題解決に取り組んでいる。第6章と第7章ではそこでのコラボレーションの内実とライフサイクル，およびその伝播について分析を進めた。

　第6章では，日本における産官学連携の代表的存在である岩手ネットワークシステム（INS）を事例にして，構想から現在に至るまでのプロセスをたどることによって，地域プラットフォームにおけるコラボレーションのライフサイクルを Williams, Merriman, & Morris（2016）のライフサイクル・モデルに照らし合わせて，把握しようと試みた。

　ライフサイクル・モデルの初期段階は「課題認識」から「アクターの参画と組織化」にあたる。INS では，中核アクターに「場の必要性」と「大学の敷居の高さ」という認識が共有され，中核アクターたちによって INS という産官学連携プラットフォームが形成された過程と重なった。数多くの産官学協働による事業創出の実現と，これを期待するアクターがさらに参画するという好循環を生み出すに至った過程が「価値創出」に合致する。また，INS が理念とする〈場の共有・交流〉を核とした新たなプラットフォームの全国への派生が「価値の再創出」にあたる。近年では会員数の減少や活動の停滞がみられ，「転換点」から「衰退」に差し掛かっているものと推測される。

　INS は岩手を中心にさまざまなアクターのコラボレーションにより形成された地域プラットフォームであり，地域社会の価値生成や課題解決を果たしてきた。

　INS は全国の地域プラットフォームの範となり，影響を与えていった。そこで第7章では INS に端を発したいくつかの地域プラットフォームについて，ミーム概念を援用し分析を行った。ミームの伝え手を通じてミームの継承を仔細に眺めると，彼らは INS の取り組みをただなぞるのでなく，それぞれの置かれた状況にあわせて，創造的な適応を行っていることが確認された。

　INS のミームの伝え手の1人である片野氏は，東北ライフサイエンス・イ

ンストルメンツ・クラスター（TOLIC）からビジネスの成果が生み出されることを志向する。一方で堂野氏は，個人と個人がつながる場づくりを意識するため，関西ネットワークシステム（KNS）はあくまでも「交わりの場」であり，ここから具体的な成果を生み出すことは求めていない。さらに漁師氏は，土佐まるごと社中（TMS）によって経済界と各高等教育機関の連携，地域間の交流の促進をめざしてきた。

　さらに興味深いのは，TOLIC や KNS という子プラットフォームが，母体である INS の再活性化に向けた銀の弾丸になっていることである。現に TOLIC のメンバーは INS のなかに新たな研究会を立ち上げ，新たな価値の創出をめざしている。また INS のメンバーが KNS で育まれるミームを学びにイベントに足を運び，KNS の世話人になるという動きもみられる。そうして KNS のメンバーと交流を深めながら INS における「コラボレーションを活気づけるヒント」を得ているという。プラットフォーム同士の相互作用は，それぞれの成長や価値の再創出に影響しうるのである。

8. 2　地域プラットフォームとプレイス・ブランディングの構図

　本節ではこれまでの分析をもとに，地域プラットフォームとプレイス・ブランディングの関係性の精緻化を試みる。われわれは第 1 章にて，プレイス・ブランディングや地域の経済・社会的活動を促進しうるものとして，地域プラットフォームの位置づけを確認した。そこでは，地域プラットフォームを中心に据え，プレイス・ブランディングと地域の経済・社会的活動との関わりを示す概念図を提示した（図 1.4）。

　図 8.1 は本書での分析を経て，その概念図を発展させたものである。プレイス・ブランディング等において重要な役割を担うアクターの存在を明記し，地域プラットフォーム，プレイス・ブランディング，地域の経済・社会的活動が相互に影響を与え合う構図を提示した。地域プラットフォームにアクターが参加し，そこでのコラボレーションにより地域における経済・社会的活動やプレイス・ブランディングが促進される。その一連のプロセスから生ま

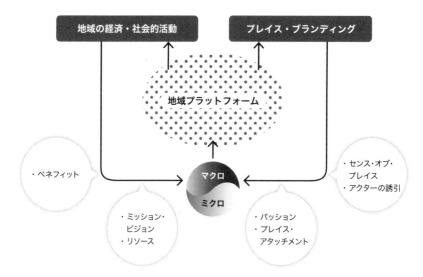

図8.1　地域プラットフォームとプレイス・ブランディングの循環構造

れた成果が各アクターに影響を与えるという循環の構図となる。以下に，その循環とその構成要素を解説していこう。

8. 2. 1　地域プラットフォームをめぐる循環構造

　アクターはマクロとミクロに大別される。マクロ・アクターは行政，企業，学術・教育機関といった組織によって構成される。ミクロ・アクターは個人を想定している。クリエーター，アーティスト，職人，研究者など個人事業主や独立志向の強い人々もここに含まれる。地域プラットフォームにおけるアクターの構成が地域的・文化的に多様になるかどうかは，地域の受容状態が影響すると考えられる。

　各アクターは地域プラットフォームに参加する際，あるいはそれを構築する際，何らかの思いや資源をそこへ投入する。マクロ・アクターであれば，各組織のビジョンやミッションを地域プラットフォームに反映する。組織が協働を行うには合理的な理由が必要であり，ビジョンやミッションはその根源となる。また行政やCSV（creating shared value：共通価値の創造）への意

識が高い企業であれば，地域ビジョンを有しているはずであり，それらも地域プラットフォームへと反映されよう。マクロ・アクターはさらに，人・物・金・情報といった経営資源（リソース）を地域プラットフォームへ投じる。

　かたやミクロ・アクターは自らの思いを地域プラットフォームへと投じる。地域あるいは自らを取り巻く状況を打破，改善したいという思い，すなわちパッションが主であろう。本書に登場したミクロ・アクターのすべてが強いパッションを抱き，プラットフォームを創設したり，あるいはそこに参加したりした人々であった。地域への愛着（プレイス・アタッチメント）もその思いの1つである。

　そうして各アクターが資源や思いを投じた地域プラットフォームで，コラボレーションが行われる。それはあたかも地域にとっての心臓であり，プレイス・ブランディングや経済・社会的活動の成果を生み出すシステムの役割を担っている。

　プレイス・ブランディングにおいて好循環となれば，その場所に新たな意味が生成されていく。すなわちセンス・オブ・プレイスは地域プラットフォームに参加するアクターへ，その場所に関する新たな気づきをもたらすだろう。また，プレイス・ブランディングの循環のなかで，地域プラットフォームへ新たなアクターの誘引もなされうる。他方，地域における経済・社会的活動の成果は，経済・社会的なベネフィットを地域や地域プラットフォームにもたらしうる。それによってマクロ・アクターの経営資源は厚みを増し，地域プラットフォームへの資源の再投入にもつながるのである。

8.2.2　地域プラットフォームの内部構造

　「地域プラットフォームはプレイス・ブランディングと実務的な活動をつなぐシステムとなりうるのではないか」という本書の冒頭の問いを受けて，その全体的な構図を明らかとしてきた。ここでシステムとして捉えた地域プラットフォームの内部構造，意味生成のプロセスについて論じてみたい。

　これまで地域プラットフォームにおけるコラボレーションのライフサイクルのなかで，創発的価値が生成されていく様を描いてきた。本書ではさらに

他の地域プラットフォームを模倣しながら，創造的適応を行うミームの伝え手の存在を明らかにした。一方，地域プラットフォームにおけるコラボレーションのライフサイクルにおいては，それが単純にリニアな成長曲線を描くとは限らない。政策的背景などにより豊かなリソースをもつ組織アクターを中心とした委員会方式による地域プラットフォームが，一気呵成に形成されることもあるだろう。逆に，ミクロなアクターを軸にして地道な活動によって小規模に形成されていく地域プラットフォームも存在するだろう。あるいは当初は委員会方式によって形成された地域プラットフォームが停滞するなかで，ミクロなアクターが並行して地域プラットフォームを立ち上げ，相互に影響しながらプラットフォームが並立していくこともあろう。まさに多層的な連携であるマルチレベルの関係性が存在しうるのである。このように，地域プラットフォームの成り立ちは一様ではない。また一連の流れのなかで，地域プラットフォームがより豊かに成長していくこともあれば，さまざまな障害により雲散霧消するというリスクもはらんでいる。

　こうした様相のなかで，システムとしての地域プラットフォームはさまざまな価値の実現を促進させていく。経済的・社会的価値の実現は地域プラットフォームにとって最も期待される具体的な成果である。加えて参加するアクター同士による「交わりの場」を通じて，創発的価値の醸成が促されていく。順調に成熟していく地域プラットフォームには交流の場に魅力を感じた新規アクターの参加が期待され，それによりさらに価値生成の動きが促進されていくだろう。いわば「人が人を呼ぶ」状況である。こうした好循環を成立させた地域プラットフォームには継続的な価値の創出が期待される。もちろん散発的・局所的である場合でも，地域プラットフォームとして駆動することで価値を生み出しうる余地はある。

　重要なのは，成熟度の高い地域プラットフォームがこうした「創発的価値の生成」の好循環を終えた後にも，新たな価値を生み出す余地があることにある。成熟期を過ぎた地域プラットフォームがその使命を終えようとしても，志を一部に宿した新たな地域プラットフォームが生み出されていく。こうした「価値生成の連鎖」は特筆すべき現象であろう。他方，こうした地域プラ

ットフォーム内の一連のプロセスにおいて，「交わりの場」に参加するアク
ターにとっての意味のあり方の形成や変容が同時に進行していることを見逃
してはいけない。

　さまざまな価値の実現に寄与するアクターにとって，地域プラットフォー
ムは「交わりの場」を備えることが重要な要件となる。組織の一員として参
画するアクターであっても，背景をもたない個人としてのアクターであって
も，地域内外の人との接点となる「交わりの場」があってこそ，創発的価値
の生成の下地があるといえよう。そのうえで，個々のアクターたちによって
場に対しどのような意味づけが行われていくかが重要となっていく。地域プ
ラットフォームによっては達成したい形式的・理念的な目標が掲げられるこ
ともあるだろう。一方で実際に参加するアクターにとっては，そうした表面
的な目標を越えて，その場に対し自身にとって腑に落ちる意味を見出せるか
が重要となる。

　参加するアクターにとっての場の意味は，当該プラットフォームの志向や
活動，成長と絡み合いながら，共有化されていく。ここにおいてオギュスタ
ン・ベルクが風土を読み解くなかで提唱した「通態化」（trajection）の事象
が発生しているといえる。ベルクは風土を「ある社会の，空間と自然に対す
る関係」（ベルク，1992，p. 151）と捉えた。すなわち，風土は自然と文化の
相互関係であり，所与ではない。環境と人間が出会うときに生まれるもので
あるという（ベルク，2019；ベルク＝川勝，2019）。

　そのうえでベルクは，風土は同時に自然的かつ文化的であり，集団的かつ
個人的であり，主観的かつ客観的であると主張した。風土を生み出し，絶え
ず秩序化／再秩序化する営みが通態なのである。その営みはベルクによって
以下のように説明されている。

　「主観と客観の中間にあって，通態性はメタファと因果関係を結合する。
　人間は風土に働きかけ，その限りにおいて，多少なりとも大きな数に上る
　因果関係の連鎖を支配し，それらを多少なりとも客観的に表象する。（中
　略）したがってメタファと因果関係は，対立するものではあっても，分か

ち難いものとして風土の現実を構成することになる」（ベルク，1992，p. 187）。

　通態性は「風土の生まれ出る実践の次元」であり，「主観と客観，自然と文化，集団と個人」という2つ以上の指向に関する動的組み合わせとされている（ベルク，1992，p. 212）。この作用としての通態化は，「個々人にとっての場に対する意味の共有化・社会化のプロセス」を指すともいえる。ベルクによれば「意味」は客観的方向性と主観的意味作用の意を同時にもつとした。あらゆる「意味」は1つの指向であり，同様にあらゆる「意味」は，何かある物それ自体から別のものへの移行，ある場から他の場への経路，意味作用から経験への可逆的な行程を導き出すという（ベルク，1992，p. 153）。

　これまで述べてきたように通態化は，ベルクによる風土論のなかにおいて，自然的であると同時に文化的であるとされる。そこでの空間は観念的であると同時に物質的であり，双方の性質を帯びるとされる。これを地域プラットフォーム内の成熟のプロセスに当てはめた場合，参画するアクターにとっての場の意味の共有化や社会化がなされていくため，まさに通態化が生じているといえよう。言い換えると，参画アクターにより成熟した地域プラットフォームが形成されていくことによって，個々人にとって散発的に受け止められていた場の意味が，より共有化・社会化され，さらにセンス・オブ・プレイスの醸成へと有効につながっていくのではないだろうか。

　このように通態化は，地域プラットフォームがもつ意味生成のプロセスを説明しうる概念と考える。通態化自体は複数の指向に関する動的組み合わせが生み出す作用であるがゆえに，必ずしも地域プラットフォーム自体の客観的規模や，参画アクターの関与の度合いと単純に比例しない。そこでの場の意味の共有化や社会化のプロセスは，段階的にも局所的にも生じる可能性があるだろう。他方，こうした地域プラットフォーム内における通態化の様相について，それを念頭においた観察が必要となる。参画アクターによる意味の共有化や社会化といった観察と，地域プラットフォームにおける成否は，一概に同じ次元に属するものとは考えにくい。今後はこうした地域プラット

フォーム内で生成され共有化されていく意味，またそのセンス・オブ・プレイスとの関係といった点で理論的精緻化が求められる。

8.3 プレイス・ブランディングの未来

8.3.1 地域プラットフォームの多層性

　本書では，これまでさまざまな地域プラットフォームの様相を分析してきた。これまで述べてきたとおり，地域プラットフォームの存在は多系的であり，必ずしも単系的経路をもって拡大・縮小するとは限らない。またその内部構造も多層性をもちうる。このことは，地域に関わるアクターが多様であること，プレイスという個々の主観に基づいた対象のブランディングをめざすことから，必ずしも統一した組織体によって取り組みがなされるとは限らない。互いを意識しながら，断続的に連携をとりながら，地域目標の達成に向けて自律分散して取り組みを進めていく。既述したように，地域プラットフォームは委員会方式とボトムアップ方式が並列し，時に連携をとる多層的な構造をとっていると考えた方がいい。

　地域プラットフォームの多層性は，地域プラットフォームにおける参画アクターによるそれぞれの位置からの価値創出と伝播の構造を意味している。

　地域プラットフォーム内においては，企業組織にみられるような上意下達といった一方通行の関係性が生じにくい。そこではアクター同士のコミュニケーションを土台としたビジョン共有に呼応し，多方面から同時多発的かつ志向性をもった価値創出活動が見受けられる。

　またそのプロセスにおいては，新たなプラットフォームを生み出す可能性を有する。これまでの地域プラットフォームやそこでの価値創出における議論では，そのマネジメントの困難性が課題に挙げられていた（小林，2016）。これに対し多層性の視角にあっては，Vangen（2017）の「パラドックス・レンズ」の概念にみられるように，多層に存在・参画するアクターの役割をより積極的に認め，アクターが混在するなかでの利害関係の矛盾など複雑な状況を踏まえたマネジメントの可能性を示す。

　これによって，地域プラットフォームの多層性をより明らかにするために
は，地域プラットフォームを全体構造として捉えるマクロな視点と，創発を
生み出すアクターを捉えるミクロな視点とともに，その相互作用とプロセス
を把握するメゾレベルの視点（坂倉，2019）をもつことが，実務・研究双方
にとって重要となるだろう。

　このためには，当該アクターが立脚する場をどのように認識し，また成員
として愛着をもっているかという，心理的側面に光を当てる必要がある（山
崎・長尾・八木，2020）。とくにミームの伝え手が抱くプラットフォームへの
認識や場への愛着は，そのプラットフォームの栄枯盛衰と転換点を分析する
うえで重要な要因となるだろう。このように，プラットフォームの転換点を
めぐる理論的課題については，概念と事象との架橋をさらに行っていく必要
があろう。

8. 3. 2.　矛盾を超えて

　地域プラットフォームにかかる関係性は，以下のような通態的構造をはら
んでいる。すなわち，地域プラットフォームはアクターによってつくられつ
つ，アクターをつくるのである。われわれは本書を通じて，相互の変容を目
にしてきた。このことに鑑みれば，アクターはこれまでのように，類型論的
に捉えられなくなる。クリエーターや学生など，職業に紐づいて地域プラッ
トフォームにもたらす役割を捉えることは，その関わりの当初には有効な見
立てと考えられる。しかし，その変容を前提とするならば，そのアクターは
いつまでも同じアクターではなく，いつまでも同じ役割を期待することは避
けなければならない。

　また，このような通態性は地域の受容性に再考を迫る。いま，関係人口の
ように地域外の人々との協創を意識した時代が到来している。プレイス・ブ
ランディングにおいて個としてのアクターが増えるなか，個人を単なるイン
プットの一要素として見立てるのか。あるいは彼・彼女らが地域プラットフ
ォームでどう成長し，プラットフォームを発展させていくのか。地域の受容
の姿勢がより強く問われている。

通態の見地は，地域プラットフォームは環境によってつくられながら，環境もつくっているという見立ても提供する。その時々の政治的・経済的・社会的・技術的影響を受けながら，地域プラットフォームにてアクターの相互作用が行われ，ミームとしてプラットフォーム運営の知恵が刻まれている。それがアクター間の相互作用を豊かにし，さまざまなアウトプットにより当該地域に影響を及ぼしていく。またミームは時に別の地域へと伝播し，当該地域の環境に影響を及ぼしていく。一見すると矛盾しているような構造も，地域プラットフォームでは現実的に駆動しているのである。

　これを踏まえると，今後，日本においても増えるであろうIRPBや産官学連携による経済・社会的活動，プレイス・ブランディングを考えるとき，ミームの伝播に注目することは実務，研究双方にとって重要であることは間違いないだろう。

　こういった認識のもと，実務や研究が積み重ねられることにより，地域プラットフォームにおけるコラボレーションが促進され，ブランディングやイノベーションの創出にとどまらず，地域内の結束の強化，また地域外への積極的な交流意識の醸成が期待される。そして，それによって，各地ならではの発展と人々の成長の機会が育まれ，日本の多様性が深化していくことにも期待したい。

【引用文献】

阿久津聡・天野美穂子（2007）．地域ブランドとそのマネンジメント課題．『マーケティングジャーナル』27(1), 4-19.

ベルク, A.（篠田勝英訳）（1992）．『風土の日本——自然と文化の通態』．ちくま学芸文庫.

ベルク, A.（木岡伸夫訳）（2019）．『風土学はなぜ 何のために』．関西大学出版部.

ベルク, A＝川勝平太（2019）．『ベルク「風土学」とは何か——近代「知性」の超克』．藤原書店.

坂倉杏介（2019）．地域の協働プラットフォームの設計と参加主体の相互作用に関する研究——地域の居場所における「つながり」と「活動」の創出過程，慶應義塾大学博士学位論文.

Kavaratzis, M., Warnaby, G., & Ashworth, G. J. (eds.) (2015). *Rethinking Place Branding: Comprehensive Brand Development for Cities and Regions*. New York: Springer.

小林哲 (2016). 『地域ブランディングの論理——食文化資源を活用した地域多様性の創出』. 有斐閣.

Vangen, S. (2017). Developing practice-oriented theory on collaboration: A paradox lens. *Public Administration Review, 77*(2), 263–272.

Williams, M C., Merriman, C., and Morris, C. J. (2016). A life-cycle model of collaboration. In Morris, C. J. & Miller-Stevens, K.(eds.) *Advancing Collaboration Theory: Models, Typologies, and Evidence*. New York: Routledge, 175–196.

山崎義広・長尾雅信・八木敏昭 (2020). 中山間地域における自然資産の認識とプレイス・アタッチメントの関係——福島県只見町を対象として. 『農村計画学会誌』*39*(3), 328–334.

あとがき

　本書は，筆者らが新潟大学を基盤にして重ねてきた研究をまとめたものである。新潟は全国屈指の広範な県土を有し，複数の文化圏をもつ。工業・工芸にあっては高い技術力をもち，信濃川，阿賀野川の氾濫と闘いながら肥沃な大地を獲得してきた米どころでもある。一方で，人口減は毎年2万人と，人口の1%強に及ぶ。高齢化も著しく，各産業や地域コミュニティの衰退なども見過ごせず，日本の未来を示す縮図ともいえる。

　それらは新潟固有の課題ということにとどまらず，つきつめて考えると広がりをもつ研究課題と結びついていた。筆者らの研究室でも研究・教育・社会連携を組み合わせ，その解決に取り組んできた。本書で取り上げた研究成果のいくつかは，そこでの交流から生まれた産物である。

　以上のような背景から，本書ではプレイス・ブランディングや地域の社会・経済活動に携わる実務家や，地方を足場に研究に取り組む研究者を主な読者と想定した。本書で示した知見が，そうした方々に少しでも貢献できれば幸いである。

　本書の内容はJSPS科研費19K12574および22H03850の助成による成果の一部である。さらに，本書を作り上げる過程では多くの方々のご支援を頂いた。

　小千谷市役所，三条市役所，只見町役場は調査にあたり，受託研究費の提供，インタビュー調査先の紹介，量的調査の支援など多面的にお支えいただいた。また研究にとどまらず，実践を学ぶ場として学生たちの受け入れに快く応じてくださり，次世代を担う若者，実務家の成長に寄与してくださった。

　各地域プラットフォームの皆さんは運営の工夫だけでなく，課題を含め，ためらうことなく語ってくださった。INSのミームを受け継いだプラットフォームのメンバーは気さくな方々ばかりで，「飲んで騒ぐ」の異名どおり愉快な交流をもたせてくださった。コロナ禍にあっては対面での交流事業が行

えずに苦労をされているが，培われた関係性は変わっていない。今後も，各地で価値創造を牽引されていかれると確信している。

　各地の個のアクターも多忙のなか，快く調査に応じてくださった。彼・彼女らのパッションや地域に対するビジョンに感銘を受けるとともに，しなやかな心が印象深かった。本書にて，すべての方々を取り上げることはできなかったが，知恵と行動力あるアクターが日本各地にいることに心強さを感じた。

　上田隆穂先生（学習院大学），小林哲先生（大阪公立大学），徳山美津恵先生（関西大学），若林宏保先生（横浜商科大学）とは，プレイス・ブランディング研究会（日本マーケティング学会リサーチプロジェクト）にて議論させていただくなかで，プレイス・ブランディングの論点整理の機会，新たな視座への気づきなど多くを頂いている。同研究会は実務，理論双方への貢献を目的に活動し，実務家，研究者が全国各地から参加されている。オンラインでの研究会は学会員以外にも門戸を開いており，プレイス・ブランディングに関わる全国の人々がめぐりあい，語り合うプラットフォームになることをめざしている。本書をひもといてくださった方々にも，さまざまな知見やアイディアの交換の場としてご参加いただきたい。

　有斐閣には研究の成果を出版する機会を今回も頂いた。書籍編集第2部の柴田守氏には長年，筆者らの研究に注目いただき，励ましの言葉を頂いている。プレイス・ブランディングは日本のマーケティング学界においてはマイナーな領域であるものの，柴田氏は早くからその意義を理解されている伴走者である。本書の草稿にも丹念に目を通していただき，読者の理解を促す助言を頂いた。

　ブランド研究の泰斗である和田充夫先生（慶應義塾大学）は，筆者らをプレイス・ブランディング研究の道へと導いてくださった。本書を生み出せたのも，和田先生のお導きがあってこそである。月に1度は新潟にお越しになる先生と社会の趨勢について歓談させていただき，飽くことなく研究へ取り組まれるお姿に感じ入るばかりである。

　このように，本書は多くの方々とのご縁と交流によって編まれた。これか

らも地に足を着けて，人々との出会いを楽しみながら，理論と実践に貢献しうる研究を積み重ねていきたい。

2022 年 7 月

著者一同

【調査にご協力いただいた方々】

〔第3章〕
　　小千谷市役所の皆様，川井地区内ヶ巻集落の皆様，山辺地区塩殿集落の皆様，
　　東山地区塩谷集落の皆様

〔第4章〕
　　三条市役所の皆様，只見町役場の皆様，三条市下田地区の皆様，只見町の皆様，
　　鈴木直記氏，大竹晴義氏

〔第5章〕
　　小千谷市役所の皆様，妙高市役所の皆様，小千谷市・妙高市の地域おこし協
　　力隊の皆様，瀬戸昌宣氏

〔第6章〕
　　今井潤氏，岩渕明氏，小笠原徳氏，小山康文氏，清水健司氏，冨手壮一氏，
　　西澤昭夫氏，沼田秀彦氏，山口昭氏

〔第7章〕
　　片野圭二氏，黒澤芳明氏，高橋宏利氏，東瀬朗氏，堂野智史氏，漁師明氏

索　引

地域プラットフォームの論理——プレイス・ブランディングに向けて
Regional Platforms

2022 年 10 月 1 日　初版第 1 刷発行

著　者	長 なが	尾 お	雅 まさ	信 のぶ
	山 やま	崎 さき	義 よし	広 ひろ
	八 や	木 ぎ	敏 とし	昭 あき

発行者　江　草　貞　治

発行所　株式会社　有　斐　閣

〔101-0051〕東京都千代田区神田神保町 2-17
http://www.yuhikaku.co.jp/

組版・株式会社明昌堂／印刷・萩原印刷株式会社／製本・大口製本印刷株式会社

★定価はカバーに表示してあります。

ISBN 978-4-641-16606-6